ALEXANDRE,
TRAGÉDIE NOUVELLE,

EN CINQ ACTES ET EN VERS.

PAR M. DE FÉNÉLON,

*Capitaine de Cavalerie, Chevalier de l'Ordre Royal
& Militaire de S. Louis.*

Le prix est de trente sols.

A PARIS,

Chez { GUEFFIER, Fils, Libraire, rue du Hurepoix, près le Pont S. Michel, à la Vérité.
CAILLEAU, Libraire, rue S. Jacques, à S. André, près la rue des Noyers.

M. DCC. LXI.
Avec Privilege & Approbation.

AVERTISSEMENT
DE L'AUTEUR.

EN 1754, je fis une Tragédie, qui a été imprimée. Quoique celle-ci porte le même titre, on doit la regarder comme nouvelle, parce qu'il n'y reste pas cinquante vers de l'ancienne, qui n'étoit pas assez travaillée; cependant plusieurs Gens de Lettres y ont trouvé le germe d'un bon ouvrage, & M. Fréron dit dans sa 27e feuille du mois d'Octobre 1754, au sujet de cette première Pièce: *Il est toujours louable à un homme de condition, à un Militaire, d'employer ses loisirs à cultiver les Muses: ce n'est ici qu'un coup d'essai, il peut être suivi de coups de Maître.* Cela ranima mon courage, & me fit concevoir le dessein d'en composer une autre. Cependant je n'ai pas mis la main à l'œuvre dans le tems, en étant détourné par d'autres objets & de pénibles Campagnes. Ayant quitté le service, je me suis occupé à chercher un sujet pour faire un nouveau Poëme. Comme le Héros est l'ame de la Tragédie, on choisit ordinairement un Prince d'une grande réputation, qui ait du merveilleux, des qualités

AVERTISSEMENT.

admirables, des vertus guerrières & fublimes, de grands traits de générofité. Dans mon deffein, plufieurs fe font préfentés à mon imagination avec tous leurs beaux faits; ceux d'Alexandre ont toujours prévalu; j'ai tout trouvé dans ce Prince. De plus, j'ai fenti que parce que j'avois déja traité ce fujet une fois, quoique je n'euffe pas réuffi, je le traiterois moins mal une feconde qu'un nouveau, parce que j'en étois rempli, parce qu'ayant vû jouer en Province plufieurs fois cette première Pièce, j'en avois connu les défauts, & que je pouvois profiter des bonnes critiques que j'en avois entendu faire. J'ai penfé que je devois oppofer aux deffeins de mon Héros, non-feulement les Armes de fes Ennemis; mais encore des intrigues fecretes, des trahifons, pour donner à fon vafte génie de quoi exercer fes reffources, & la générofité dont il étoit capable. En refondant ma Tragédie, j'ai tâché d'enrichir le fujet, auffi bien que la verfification. Je n'en dirai rien de plus, c'eft au Public à l'apprécier.

AVIS DU LIBRAIRE.

L'AUTEUR qui seroit fâché que son Poëme fût vendu défectueux, s'est donné la peine de signer & de parapher tous les Exemplaires que nous sommes convenus d'imprimer. Ainsi tous ceux qui ne seront pas signés & paraphés par lui, seront contrefaits, lesquels sont ordinairement remplis de fautes d'impression ; parce que les épreuves n'auront pas été corrigées par l'Auteur.

defenelon

ACTEURS.

ALEXANDRE, *Roi de Macédoine.*
TESSANDRE, *Roi d'une partie de l'Inde, cru mort Mari d'Ophis.*
SITALSE, *Prince de Thrace, un des Conjurés. Alexandre avoit conquis ses Etats sur l'Usurpateur du Pere de ce Prince.*
EPHESTION, *Officier Général, Favori d'Alexandre.*
PHILOTAS, *Officier Général, Chef des Conjurés.*
OPHIS, *Femme de Tessandre, Prisonnière, aimée d'Alexandre.*
SYSIGAMBIS, *Mere de Darius, Roi de Perse, Prisonnière.*
STATIRA, *Fille aînée de Darius, Prisonnière.*
DEUX ENFANS *de Darius en bas-âge.*
ZAMINTE, *Confidente de Sysigambis.*
ZONIME, *Confidente d'Ophis.*
ISMÈNE, *Confidente de Statira.*
UN CAPITAINE *des Gardes.*
GARDES.
Un SOLDAT.
Suite.

La Scène est en Assyrie, au Camp d'Alexandre, près de la Ville d'Arbelles.

ALEXANDRE, *TRAGÉDIE.*

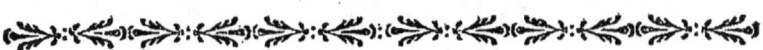

ACTE PREMIER.

SCÈNE PREMIÈRE.

SITALSE, PHILOTAS.

SITALSE.

Oui, je crois, Philotas, que du poids de ses fers,
Alexandre prétend charger tout l'Univers ;
Par de nouveaux exploits, le remplir de sa gloire,
Et malgré les Destins enchaîner la Victoire.

PHILOTAS.

Tous ces fameux travaux, qui font les Conquérans,
Des plus grands Rois, Sitalse, en ont fait des Tyrans.

A

Intrépides Guerriers, livrés à l'esclavage,
Consacrés à la guerre, & voués au carnage ;
Irons-nous jusqu'au fond des farouches climats,
Porter notre fureur, nos loix, nos attentats ?
Il veut être absolu sur la terre & sur l'onde ;
Être seul Souverain de l'Empire du monde ;
Par sa vaste puissance, atteindre jusqu'aux Cieux,
Et finir ses exploits par détrôner les Dieux.

SITALSE.

Je vois dans ses exploits des causes légitimes,
Des bienfaits, des fureurs, des vertus & des crimes ;
Dans des tems on entend élancer des clameurs,
Dans d'autres sur ses pas on voit jetter des fleurs.
Quel contraste étonnant dans ce vaste génie,
Dont l'art conduit le sort, la guerre, & l'incendie !
C'est un Roi foudroyant, qui, la mort dans ses mains,
Aux Parthes étonnés annonce leurs destins.
Extrême en ses projets, impétueux, sublime,
La terreur de la Perse, & toujours magnanime.

PHILOTAS.

Il n'est plus aujourd'hui ce qu'il fut autrefois,
Le plus grand des humains & l'exemple des Rois :
Ce n'est plus ce Héros chéri de la Patrie,
Dont on voyoit sur nous la splendeur réfléchie.

SITALSE.

Son affabilité, sa douceur, & ses mœurs,
Gagnoient tous les esprits, enchaînoient tous les cœurs.
L'auguste dignité, la suprême puissance,

TRAGÉDIE.

Avec tous ses talens, brilloient d'intelligence.
Dès ses plus jeunes ans, aux yeux de cette Cour,
Sa future grandeur parut dans tout son jour.
Que de Peuples divers renonçant au divorce,
Ont porté par amour un joug reçû par force !
En faveur de la Gréce il fixe le destin ;
Sous lui dans les combats son triomphe est certain.

PHILOTAS.

La guerre l'à rendue en cent endroits déserte :
Son triomphe n'est pas plus certain que sa perte.
Combien de Citoyens ont vû percer leur flanc !
Que de remparts fumans, cimentés de leur sang !
Pourquoi tant de travaux, de succès & de crimes ?
Triomphans ou vaincus, nous sommes des victimes.

SITALSE.

Il n'a jamais voulu qu'un Prince terrassé,
Rendît à sa valeur un hommage forcé.

PHILOTAS.

Oui, lorsqu'il l'affranchit d'un tribut ordinaire,
C'est pour le retenir sous un joug volontaire ;
Jusques dans ses rigueurs sa grande habileté,
Mêle par politique une fausse bonté :
Et lorsque son adresse a soin de nous séduire,
On diroit que par nous il se laisse conduire.
Il sçait avec tant d'art, par de secrets ressorts,
Des Soldats mutinés surmonter les efforts,
Qu'il les méne au combat sur la foi des Oracles,
Et marche à ses desseins à travers les obstacles.

A ij

SITALSE.

Les Soldats étonnés qui marchent sur ses pas,
Goûtent sous leurs drapeaux un bonheur qu'ils n'ont pas.

PHILOTAS.

Un Oracle vendu sans cesse les amuse,
Et leur promet un bien que le Ciel leur refuse.
Son Augure a pour eux des charmes si puissans,
Que sa voix adoucit les maux les plus pressans.

SITALSE.

De notre sort ce Roi, par notre obéissance,
Nous fait tout espérer contre toute espérance.
Vous étant signalés dans cent fameux combats,
Que ne vous dois-je point, dit-il à ses Soldats !
Il descend de son Char, environné de gloire,
Pour leur donner à tous le prix de la victoire.
Ils accourent en foule aux accens de sa voix :
Il leur parle souvent de leurs vaillans exploits ;
Et s'il veut les conduire aux deux bouts de la terre,
Ils sont prêts d'y marcher & d'y porter la guerre.
On ne peut démentir l'éclat dont il jouit ;
Sous cent aspects divers ce Roi nous éblouit.

PHILOTAS.

C'est trop y réfléchir ! Des vertus éclipsées
Doivent-elles encore occuper nos pensées ?

SITALSE.

Vous sçavez quels étoient mes superbes Etats ;
Que Pharès les conquit dans ses derniers combats :

TRAGÉDIE.

Qu'Alexandre sur lui reprit une Province,
Et qu'il brisa mes fers, lorsqu'il vainquit ce Prince.
Il m'a toujours promis, dans ses divers projets,
D'accorder mon retour aux vœux de mes Sujets ;
Je n'ai pû revenir au Bosphore de Thrace,
Depuis que le Destin a marqué ma disgrace.

PHILOTAS.

Sans y rentrer, Seigneur, les armes à la main,
Vous y reparoîtrez bien-tôt en Souverain.

SITALSE.

Lorsqu'on ose immoler un illustre coupable,
Le remords suit de près l'attentat effroyable.
Quel que soit le projet dont l'espoir nous séduit,
La honte & le mépris en deviendront le fruit.

PHILOTAS.

Suivez, sans hésiter l'espoir qui nous anime !
Par où l'un nous méprise, un autre nous estime.
Pour décider, Seigneur, du sort de vos Etats,
Les Destins suspendus attendent son trépas.
Faut-il que chaque jour la fortune vous brave !
Vous deviez être Roi, le sort vous fait Esclave.

SITALSE.

Je ne vous parle point pour le justifier ;
J'ai promis, il suffit, j'ai voulu me lier.
Je suis inébranlable ; & sur cette assûrance,
Prenez en mes sermens entière confiance.
Peut-être plus que vous je suis rempli d'ardeur,
Pour suivre ce projet digne de ma fureur.

A iij

Quels que soient nos remords, qu'Alexandre périsse !
De ses jours à la Paix faisons un sacrifice !

PHILOTAS.

C'est par de tels exploits qu'il faut nous signaler.
Les premiers pas sont faits, pouvons-nous reculer ?
Nous sommes dès long-tems instruits par les orages
A braver les périls, sans craindre les naufrages.
Quelle gloire pour nous de venger l'Univers !
De le rendre à lui-même, & de briser ses fers !
Ce Tyran va périr, rien ne peut le défendre ;
Assûrés du triomphe, osons tout entreprendre !
Quel que soit son courage, & l'éclat de son sort,
Un instant peut l'abattre, & lui donner la mort.
Alors vous formerez un redoutable Empire.

SITALSE.

Vous aurez la Phocide, & peut-être l'Epire :
La Créte, m'a-t-on dit, sera pour Amintas ;
Agaton, Antius, auront d'autres Etats.
Enfin tout est réglé par un nouveau partage,
Où chacun à son gré trouve son avantage.
Mais pensez donc, Seigneur, que sans tout hazarder,
L'effet de nos desseins ne peut se retarder.
Liés par l'amitié dès la plus tendre enfance,
Entre nous régnera toujours l'intelligence.
Des Etats, qu'a soumis ce Prince ambitieux,
Je ne veux que la Thrace, où régnoient mes Ayeux.
Pour adoucir son sort, je dois tout entreprendre ;
Ce n'est qu'à son bonheur que j'immole Alexandre.

Mais, pour aller à lui, quel chemin tiendrons-nous?
Mille bras à l'envi repousseront nos coups :
Une foule empressée entoure sa personne ;
Sa Garde est un rempart qui toujours l'environne.

PHILOTAS.

Suivi d'Epheſtion, sur le déclin du jour,
A la Princeſſe Ophis il va faire sa cour.
C'eſt-là que sans escorte, il n'eſt pas invincible ;
Et même il n'eſt jamais pour nous inacceſſible.
Nous devons donc, Seigneur, tâcher dès aujourd'hui
D'engager la Princeſſe à nous servir d'appui.

SITALSE.

Eſpérance frivole, où l'erreur vous entraîne !
Comment dans un forfait engager cette Reine ?

PHILOTAS.

Sur les grands ſentimens qu'elle vous a fait voir,
Nous pouvons aujourd'hui fonder un juſte eſpoir.
A la voix de l'honneur toujours prête à ſe rendre,
Je veux que sa vertu nous immole Alexandre.

SITALSE.

Vous avez des moyens que je ne connois pas.
Allez la voir, Seigneur, je vais ſuivre vos pas.
Hâtez cette entrevûe, & que par votre adreſſe...

PHILOTAS.

Il n'eſt pas encor tems de voir cette Princeſſe.

SITALSE.

Je dois chez Anticlès aller dans cet instant,
Où nous devons tenir un conseil important.

SCÈNE II.
ALEXANDRE, SITALSE, EPHESTION, PHILOTAS.

ALEXANDRE.

NON, ce n'est qu'avec vous, Compagnons intrépides,
Que j'ai fait jusqu'ici des conquêtes rapides.
Cent Peuples abattus, dans leurs climats brûlans,
Tant de Rois sur leur Trône effrayés, chancelans,
Le Perse épouvanté, craignant notre poursuite,
Son Armée en désordre, & les Médes en fuite,
Sont les brillans exploits dûs à votre valeur,
Qui dans le monde entier doit porter la terreur.
Notre projet est grand, le Ciel qui nous l'inspire,
Promet à nos travaux ce formidable Empire.
Je le vois succomber sous de nouveaux revers,
Et du poids de sa chûte ébranler l'Univers.
Par nos vaillans exploits les fières destinées
Ont rangé sous nos loix des Têtes couronnées.
Cette même valeur, qui nous fait tout oser,
A forcé la fortune à nous favoriser.
Aidé de vos conseils, animé par la Gloire,
D'un pas ferme & constant je marche à la Victoire.

Parlez, Epheſtion, toujours ſans me flatter;
C'eſt ainſi que le zèle en vous doit éclater.

EPHESTION.

Il eſt vrai, juſqu'ici la fortune conſtante,
N'a de vos grands deſſeins oſé tromper l'attente :
Mais, quoique de ſa main elle ait conduit vos coups,
Elle peut aujourd'hui ſe tourner contre vous.
La Perſe de nos jours en guerriers ſi féconde,
Etoit encor l'arbitre & la Reine du Monde;
Sa puiſſance nageant dans ſon immenſité,
De l'Aſie à ſon gré lioit la liberté.
Un de ſes Souverains ſur un ſuperbe Trône,
Confondit en un jour l'orgueil de Babylone.
Quoique tous vos exploits étonnent l'Univers,
Redoutez un tel Roi, même dans ſes revers.
On a vû ſes Ayeux enchaîner le Boſphore,
Et porter la terreur du Couchant à l'Aurore.
Vous voulez de ce Roi dompter juſqu'à l'orgueil;
Votre gloire pourroit y trouver un écueil.
Ce Monarque puiſſant eſt une Hydre indomptable;
En tréſors, en Soldats il eſt inépuiſable.
Permettez que mon zéle oſe repréſenter
La grandeur du péril que vous allez tenter.
L'Inde arme contre vous les Scithes, la Syrie,
Et l'Afrique qui vient au ſecours de l'Aſie.
Cent Peuples réunis peuvent vous accabler.
Votre intrépidité doit vous faire trembler.
Si par quelque revers elle voit ſa défaite,
Si loin de vos Etats, quelle eſt votre retraite?

ALEXANDRE.

N'avons-nous pas dompté nos plus fiers Ennemis ?

EPHESTION.

Vous les avez vaincus fans les avoir foumis.
Jufqu'au de-là de l'Ourfe, où la nature expire,
Prétendez-vous, Seigneur, étendre votre Empire ?

PHILOTAS, *à Alexandre.*

Un Vainqueur, qui répand la terreur & l'effroi,
A tout le monde entier doit impofer la loi.
Du Perfe, qui vous fait d'impuiffantes menaces,
Vous avez les tréfors, vous poffédez les Places,
Les Reines, leurs Enfans font en votre pouvoir ;
Sur quoi cet Ennemi fonde-t-il fon efpoir ?
Ramaffant les débris de fes troupes errantes,
Croit-il donc terraffer les vôtres triomphantes ?
Et fi vous perfiftez dans vos premiers deffeins,
Le deftin de la Perfe eft déja dans vos mains.

ALEXANDRE, *en fe tournant du côté d'Epheftion.*

Ayant de Darius ébranlé la puiffance,
Devons-nous à la crainte immoler la vengeance ?
Non, n'abandonnons point des projets importans ;
C'eft la valeur qui fait le fort des combattans.
Maîtres d'un grand Païs, prêts à tout entreprendre,
Donnerois-je au Perfan le tems de fe défendre ?
Les rives de l'Indus font déja fous nos loix,
Et l'Euphrate fe trouble au bruit de nos exploits.

Suivons sans balancer cette vive lumière,
Dont le Dieu des combats a marqué la carrière.
Que Damas soit en butte à mille assauts divers,
Qu'elle éprouve par nous les plus affreux revers !
Sa richesse est immense, & cette antique Ville
Voit au-delà d'un fleuve une plaine fertile.
Détruisons des remparts le formidable écueil.
Paroissons; du Persan je vois tomber l'orgueil.
J'ai reconnu son Camp, & l'ordre de ses tentes,
Le nombre de ses chars armés de faulx tranchantes.
Un pompeux appareil flattant leur folle erreur,
Du sort qui les attend leur dérobe l'horreur.
Je veux bien qu'à son tour la prudence préside;
Mais il ne faut ici que la valeur pour guide.
Dans la haute entreprise où vous m'avez porté,
Notre seule sagesse est la témérité.
Quel que soit le danger dont le sort nous menace,
Devons-nous en un jour démentir notre audace ?
Soyons de tous les Grecs les ardens défenseurs;
Ennemis généreux, si nous sommes vainqueurs.
De la cause commune embrassons la défense;
Notre ressentiment exige la vengeance.
Darius dans mon camp cherchoit quelque Soldat,
Qui voulût sur mes jours former un attentat;
Avec mille talens, sa faveur est offerte
A quiconque voudra l'assûrer de ma perte.

EPHESTION.

Que nous apprenez-vous! Quel horrible dessein!
Un Héros tel que lui devenir assassin !

ALEXANDRE.

Un Prince malheureux, que le destin maltraite,
Triomphe dans mon cœur, même après sa défaite;
Mais pour un lâche Roi, quel que soit son malheur,
Je ne puis concevoir qu'une éternelle horreur.
Ce coupable Ennemi, par d'indignes maximes,
Pour triompher de moi, se plonge dans les crimes.

SCENE III.

ALEXANDRE, SITALSE, EPHESTION,

PHILOTAS, UN CAPITAINE DES GARDES.

LE CAPITAINE.

Les Perses rassemblés dans l'ombre de la nuit,
Ont fait un mouvement, que leur Prince conduit.
Ils approchent, Seigneur, & déja la poussière
Du jour par tourbillons obscurcit la lumière.

ALEXANDRE.

Ce mouvement subit, quel que soit leur dessein,
Hâte notre entreprise, en ouvre le chemin.
Marchons à l'ennemi, dont l'orgueil nous menace;
Prévenons son projet, ainsi que son audace!
Pour la garde du camp demeurez, Philotas;
Je vous laisse Sitalse avec mille Soldats;

Et les Archers de Créte avec eux dans la plaine,
Commandés par Cléon, formeront une chaîne.

SCENE IV.
EPHESTION, PHILOTAS.
PHILOTAS.

Sur ce grand jour, Seigneur, ayons les yeux ouverts,
Puisqu'il doit décider du sort de l'Univers.
Par nos derniers projets, si le Ciel nous seconde,
Nous allons asservir tout le reste du monde.

EPHESTION.

Oui, si tout répondoit à nos vastes desseins,
Nous verrions sous nos loix ranger tous les humains ;
Et la Terre ébranlée au bruit d'un nouveau Maître,
Avouer que lui seul étoit digne de l'être.
Mais si nos Ennemis triomphent en ce jour,
Alexandre perd tout, & le perd sans retour.
Sa puissance s'écroule, & sa gloire est flétrie.
Que dis-je ! avec la Grèce elle est anéantie.
Le risque que ce Prince aujourd'hui va courir
Est celui de tout perdre, ou de tout conquérir.
Lui seul dans le péril, qui souvent l'environne,
Ne voit dans ses projets jamais rien qui l'étonne.
Que de combats sanglans tant de fois répétés !
Les Dieux de ces climats en sont épouvantés !

PHILOTAS.

Ayant fur l'Univers pris l'empire suprême,
Eh ! qu'auroit-il encor à redouter ?

EPHESTION.

Lui-même.
C'est par son ordre exprès que vous gardez ces lieux ;
Pour sa gloire & la nôtre invoquez-y les Dieux.
Au mystère divin consacrez la journée :
Qu'avant la fin du jour, de festons couronnée,
La victime paroisse aux pieds des immortels ;
Que son sang répandu coule sur leurs Autels ;
Que Mars soit imploré ; que ce Dieu favorable
Rende à jamais la Grèce au Perse redoutable.
Si ce Dieu nous conduit, tout va plier sous nous.
Je vais joindre Alexandre, & seconder ses coups.

PHILOTAS, *à part*.

Allons tout préparer pour ce moment terrible.
Je vois paroître Ophis, dont le cœur invincible......

SCENE V.

OPHIS, PHILOTAS, ZONIME.

OPHIS.

QU'EST-IL donc arrivé, Seigneur ? De toutes parts
Un appareil de guerre étonne nos regards.

Ces drapeaux déployés, l'éclat, le bruit des armes,
Répandent dans nos cœurs de nouvelles allarmes,
Lorsque nous espérions, par des nœux solemnels,
Accomplir un Hymen aux pieds de nos Autels : *
Un Hymen qui devoit, dans ce trouble funeste,
Du monde foudroyé conserver quelque reste.
Vos farouches Soldats, par des ordres nouveaux,
Volent au champ de Mars, rangés sous leurs drapeaux.

PHILOTAS.

Les Perses rassemblés aux plaines d'Assyrie,
Viennent fondre sur nous d'une égale furie.
Sur cet illustre Hymen offert par Darius,
Le silence du Roi passe pour un refus.
A former ces doux nœuds sa tendresse l'exhorte;
Mais l'intérêt des Grecs sur son amour l'emporte.
De leur fidélité gardant le souvenir,
Contre leurs Ennemis il veut les soutenir.
Sur de si dignes soins ce sentiment préside,
Et régle de ce Roi le desséin qui le guide.

OPHIS.

Quoi, voudroit-il encor sur l'homicide airain,
Graver en traits de sang son pouvoir souverain ?
Dès qu'il a consacré tous ses soins à la Grèce,
Il doit donc oublier une grande Princesse.
Que voudroit-il de plus, ce Prince redouté,
Que de tant de succès les destins ont flatté ?

* Darius avoit fait offrir sa fille Statira en mariage à Alexandre, avec la moitié de ses Etats pour avoir la paix.

L'Hymen qu'on lui propose offre trop peu de gloire ;
Il voudroit tout tenir des mains de la Victoire.
J'admire comme vous le dessein qu'il a pris,
Dont l'Univers entier doit devenir le prix.
Que tout succombe donc sous sa main foudroyante !
Plus son audace croît, plus ma fureur s'augmente.
Un noble désespoir, ressource des vaincus,
Permettra-t-il qu'on soit pour toujours abattus !

PHILOTAS.

Pourquoi d'un tel vainqueur redoutez-vous les chaînes ?
Si vous suivez son char, vous en tenez les rênes.
Quand du plus grand des Rois vous captivez le cœur,
Ne vous trouvez-vous point au comble du bonheur ?
Pourquoi blâmer le sort, & craindre l'esclavage
Du souverain pouvoir qu'avec vous on partage ?
Non, Madame, je crois que vous ne pensez pas
Qu'on doive à des bienfaits des sentimens ingrats.
La sûreté du camp demande ma présence,
Je vais en ce moment pourvoir à sa défense.

SCENE VI.

OPHIS, ZONIME.

OPHIS.

QUEL espoir, malgré moi, flatte un funeste amour !
Tes regards pénétrans l'ont vû naître en un jour.

En

En vain je diffimule une indigne tendreffe,
Mon trouble, mes tranfports, annoncent ma foibleffe.
Ma colère eft un feu qui brille fans chaleur,
Qui fe perd dans celui qui confume mon cœur.
Faut-il que fon ardeur y fuccéde à la haine !
Cher Époux ! je la dois à ta mort trop certaine !

ZONIME.

Vous n'êtes point affez inftruite de fon fort;
Qui peut vous affurer que Teffandre foit mort ?
Lorfqu'on a ramaffé ces illuftres victimes
Pour rendre à leur valeur des honneurs légitimes,
Il ne s'eft point trouvé parmi les malheureux;
Le Ciel pourroit le rendre à l'ardeur de vos vœux;
Mais s'il eft vrai qu'il ait fini fa deftinée,
Alexandre vous offre une main fortunée.
L'Hymen vous défend-il, par fes févéres loix,
Son premier nœud rompu, de faire un autre choix ?
Madame, fans briguer cette haute alliance,
De l'amour du vainqueur flattez votre efpérance.

OPHIS.

Cédant à cet efpoir, qui caufe ma langueur,
Zonime, dans ton fein, que j'épanche mon cœur;
Je t'avoue à regret.... Non, je ne puis rien dire;
Ma voix dans ce moment fur mes lévres expire.
De tes confeils flatteurs le charme eft dangereux;
Que ne peuvent-ils pas fur un cœur amoureux !
Ranime les vertus dignes d'une Princeffe :
Pourquoi vouloir encore enchanter ma trifteffe ?

B

L'amour par la douceur sçait glisser son poison ;
Souvent les sens rendus séduisent la raison.

SCENE VII.
SITALSE, OPHIS, ZONIME.

SITALSE.

LEs forces de l'Asie, en un corps ramenées,
Vont dans ce même jour changer nos destinées.
Alexandre investi, surpris de toutes parts,
Peut-il, sans succomber, braver tant de hazards ?

OPHIS.

Darius est sans doute un Prince redoutable ;
Mais son fier adversaire est toujours formidable.
La chûte de la Perse en instruit l'Univers ;
Et de nouveaux succès vont resserrer nos fers.

SITALSE.

Ah ! que la liberté, que vous n'osez prétendre,
A de puissans appas, dès qu'on sçait la reprendre !

OPHIS.

Combien de fois l'amour de cette liberté
A fait la servitude & la calamité !

SITALSE.

Combien de fois aussi, par l'effort du courage,
Ne renaît-elle pas du sein de l'esclavage !

OPHIS.

Tout n'offre à nos regards que trouble & que fureur,
Et rien ne doit suspendre une juste terreur.

SITALSE.

D'Alexandre jamais vous n'aurez à vous plaindre;
Mais c'est d'Ephestion que vous avez à craindre.
De tels adulateurs sont la perte des Rois;
Par eux on les a vus s'égarer mille fois.

OPHIS.

On doit tout imputer aux affreuses maximes
De ces faux vertueux qui conduisent aux crimes.

SITALSE.

Le Roi dans ce moment tente un nouvel effort;
Je vais avec Cléon lui mener un renfort.

OPHIS.

Je passe chez la Reine, où nous devons attendre
La chûte de la Perse, ou celle d'Alexandre.

ACTE II.

SCENE PREMIERE.

SYSIGAMBIS, STATIRA, ZAMINTE, ISMÉNE,

Suite des Princesses. *

SYSIGAMBIS.

QUEL triste sort, ma fille ! un invincible Roi
Au sein de nos Etats vient nous donner la loi !
De la Perse, qui peut consoler la misere ?
Elle n'est plus pour nous qu'une terre étrangere.
Faisons que nos vertus, sous le poids des malheurs,
Fassent rougir un jour nos fiers persécuteurs.
A venger notre affront, grands Dieux ! tout vous engage !
Vous êtes tous trahis, quand le sort nous outrage.
De cette guerre, hélas ! quels terribles effets !
Quelle rage, quel trouble, & combien de forfaits !

* Il faut qu'il y ait à cette première Scène du deuxiéme Acte autant de Personnages muets en femmes qu'il sera possible, & toujours quelques-uns de plus du côté de Sysigambis que de celui de Statira : une des Suivantes tiendra à sa main le diadême de Sysigambis.

TRAGÉDIE.

Ce sont-là les dégrés du faîte de la gloire,
Où s'éleve un Tyran conduit par la victoire.

STATIRA.

De tant d'objets d'horreur on ne peut s'affranchir;
Sous le joug d'Alexandre est-ce à nous de fléchir?
Mille Peuples divers, malgré leur résistance,
Verront-ils en un jour abattre leur puissance?
Combien, par nos revers constans & rigoureux,
La chûte d'un seul homme a fait de malheureux!

SYSIGAMBIS.

Du sein de tant d'ennuis quel espoir peut renaître,
Si dans un Ennemi nous rencontrons un Maître?
Dieux! dans ce triste jour protégez nos combats,
Contre un tel Adversaire animez nos Soldats!
Faut-il qu'à ses genoux la Perse prosternée,
S'offre de toutes parts à son char enchaînée!
La bataille se donne au vaste champ de Mars,
Et personne ne vient s'offrir à nos regards.

STATIRA.

Madame, vous allez en avoir des nouvelles.

SYSIGAMBIS.

Ah! ma fille, je suis dans des peines cruelles:
Que de braves Soldats, qui combattent pour nous,
Expirent chaque jour, percés de mille coups!
Et peut-être mon fils couché sur la poussière,
Voit dans ce même instant terminer sa carrière.

STATIRA.

Notre frayeur, Madame, outrage nos Perfans;
Vous les verrez bientôt arriver triomphans,

SYSIGAMBIS.

Tout ce que la fortune a de plus redoutable
Est pour le malheureux, & non pour le coupable.

SCÈNE II.

SITALSE, SYSIGAMBIS, STATIRA, ZAMINTE, ISMÉNE,

Suite des Princesses de la Scène précédente.

SITALSE.

EH! Madame, cessez de répandre des pleurs!
Je viens vous annoncer la fin de vos malheurs.
Alexandre est vaincu; vos Soldats pleins de rage,
Font de vos Ennemis un horrible carnage.
Je les ai vus passer tous chargés de butin,
Et jusques dans le camp se frayer un chemin.
Ce Monarque à présent, honteux de sa défaite,
Ne songe plus qu'à faire une prompte retraite,

SYSIGAMBIS.

Ah ! ne nous flattons point avant l'événement !
Souvent dans un combat on voit en un moment
Des Vainqueurs aux vaincus revoler la victoire.

SITALSE.

Un tel bonheur, Madame, est difficile à croire ;
Mais vous verrez bientôt vos généreux Guerriers
Arriver devant vous tout couverts de Lauriers.
Peut-être qu'en ces lieux vous allez voir conduire
L'implacable ennemi de ce puissant Empire ;
Et de ces mêmes fers qu'il avoit sçû donner,
Il se verra lui-même à son tour enchaîner.

SYSIGAMBIS.

Et quelle certitude a-t-on de sa ruine ?

SITALSE.

A la croire certaine, enfin tout détermine.
Les Macédoniens rendus ou dispersés,
Pour vous croire Vainqueurs vous en disent assez.
Les Médes à l'envi traversoient leur retraite ;
Avec tant de valeur qu'on a vû la défaite
Du superbe Ennemi qui vous faisoit la loi.
Pendant quelques momens il a donné l'effroi.
Son intrépidité redouble le carnage,
Elle attire sur lui tout le fort de l'orage :
De cent Peuples divers, éprouvant la fureur,
Il marche environné de mille objets d'horreur.

Les cris des Combattans, l'éclat, le bruit des Armes,
Vont jusques dans le Camp répandre les alarmes.
Les chevaux effrayés courent de toutes parts,
Traînant rapidement leurs redoutables Chars.
A ce bruit tout s'écarte, & fait trembler la terre ;
Tout-à-coup un nuage enfante le tonnerre,
Pour rendre plus célèbre en ce jour de combat
La gloire de la Perse & celle du Soldat.
Le plus puissant des Dieux, sur de brillans nuages,
En parcourant l'Olympe, excite les orages ;
Et du Ciel obscurci fait sortir les éclairs :
La foudre à chaque instant éclate dans les airs :
Les Astres sont troublés jusques au sein de l'Ourse ;
Le Soleil pâlissant précipite sa course :
La discorde d'un souffle allume ses flambeaux,
Et va de rang en rang diviser les drapeaux ;
Dans le fort du combat, de fureur transportée,
Exhale sur ses pas une haleine empestée ;
Les Soldats dans le Camp tout saisis de terreur,
Du massacre à l'instant y répandent l'horreur.
Alexandre gémit de leur chûte funeste,
De ses Grecs dispersés il ramasse le reste.
Les Thraces paroissoient rétablir le combat ;
Mais se voyant forcés, leur courage s'abat ;
L'épouvente succéde à leur ardeur guerrière,
Et la déroute enfin se trouve toute entière.
Vers le Camp le désordre à grands pas les conduit ;
Darius triomphant, dit-on, les y poursuit.
Ici de tous côtés on va bien-tôt se rendre,

TRAGÉDIE.

SYSIGAMBIS.

Si mon fils a défait le terrible Alexandre,
S'il voit de ce grand Roi les lauriers abattus,
Puisse-t-il imiter ses sublimes vertus !

SITALSE.

Madame, il étoit temps, pour sauver la Patrie,
D'arrêter de ce Roi la rapide furie.
Il voit dans un moment renverser son projet :
Peut-être qu'à-présent il est votre Sujet.
Si ce second Alcide avoit pû vous abattre,
Il n'avoit désormais plus besoin de combattre ;
Pour dompter l'Univers, ce Prince ambitieux
N'avoit plus qu'à montrer son fer victorieux.
De ce fier Conquérant la seule renommée
Alloit dans ses exploits lui tenir lieu d'Armée.
J'ai trop souvent pour lui combattu contre vous,
Mais c'étoit à regret que je frappois mes coups.
Vos succès ont pour moi de véritables charmes ;
Tous mes vœux sont tournés du côté de vos armes.

SYSIGAMBIS.

Vous vous intéressez au sort des malheureux ;
La pitié vous saisit & vous touche pour eux.

SITALSE.

Vous voyez, grande Reine, à ce récit fidelle,
La gloire de la Perse, où le Ciel vous rappelle.
Sur ce que nous devons décider aujourd'hui,
Je vais chez Anticlès conférer avec lui.

SCENE III.

PHILOTAS, SYSIGAMBIS, STATIRA, ZAMINTE, ISMÈNE,

Suite des Princesses.

PHILOTAS, *à Syſigambis.*

Un Soldat, devançant la prompte renommée,
Se préſente, Madame, arrivant de l'Armée;
Et porteur d'un ſecret qui vous regarde tous,
Demande qu'on l'amène à l'inſtant devant vous.

SYSIGAMBIS.

Qu'il paroiſſe.

SCENE IV.

SYSIGAMBIS, STATIRA, PHILOTAS, ZAMINTE, ISMÈNE, un SOLDAT,

Suite des Princesses.

SYSIGAMBIS, *au Soldat.*

Approchez, & venez nous apprendre
S'il eſt vrai que mon fils ait défait Alexandre.
Mais quel air interdit offrez-vous à nos yeux?
Quel important ſecret vous amène en ces lieux?

Qui des deux Combattans remporte l'avantage ?
Parlez. Votre silence est d'un triste préfage.
Est-on encore aux mains ? Sçavez-vous notre fort ?

En l'envifageant.

La bataille est perdue, ou Darius est mort !

LE SOLDAT.

L'un & l'autre...

SYSIGAMBIS.

Quoi donc ?

LE SOLDAT.

Se trouve véritable.
La Victoire pour nous toujours inéxorable,
Pour rendre nos malheurs plus affreux, plus conftans,
D'un avantage égal nous a flattés long-temps ;
Et lorfque nous avons dans le fort de l'orage
Remporté fur les Grecs prefque tout l'avantage,
Le Destin tout d'un coup décide contre nous ;
Et le Roi tombe mort percé de mille coups.
La crainte de le voir privé de fépulture,
M'engage à rapporter cette triste aventure.
Parmi les tas de morts ce Prince est confondu.
Si vous le demandez, il vous fera rendu.

PHILOTAS.

Soldat, retirez-vous vers la Garde prochaine ;
Par des malheurs douteux vous affligez la Reine.

à Syfigambis.

Rien de plus incertain que cet événement.
Je vais m'en éclaircir dans ce même moment.

SCENE V.

SYSIGAMBIS, STATIRA, ZAMINTE,
ISMÈNE, Suites des Princesses.

SYSIGAMBIS.

Dieux! qui nous pourfuivez avec tant de furie,
Pour mieux la fignaler, me laiffez-vous la vie!
Si vous étiez touchés des rigueurs de mon fort,
Vous l'auriez terminée par une prompte mort:
Mais fans en recevoir de vous l'ordre fuprême,
Je la fçaurai trouver dans mon défefpoir même.
Que dis-je! Nous devons braver l'adverfité ;
Le courage renaît de la calamité :
Se laiffer furmonter à l'affreufe trifteffe,
Le défefpoir alors devient une foibleffe.
Dans de tels coups du fort dévorons nos douleurs ;
Il ne nous refte plus qu'à chercher des vengeurs.
Contre un tel ennemi, quelle eft notre efpérance!
Qui pourroit aujourd'hui prendre notre défenfe?
Des Mânes de mon fils j'entends déja la voix
Réclamer les honneurs que l'on doit à des Rois.
Peut-être pour avoir les ordres d'Alexandre,
Jufqu'à le fupplier me faudra-t-il defcendre !

SCÈNE VI.

EPHESTION, SYSIGAMBIS, STATIRA, ZAMINTE, ISMÈNE.

Suite des Princesses.

EPHESTION, à Sysigambis.

EN cet inſtant, Madame, un Vainqueur généreux
M'ordonne de venir vous trouver en ces lieux,
Pour calmer la douleur que reſſent une Mere,
Lorſqu'elle croit ſon fils à ſon heure dernière.
Ce Roi que vous pleurez, & que vous croyez mort,
N'a point, comme on l'a dit, ſubi ce triſte ſort.
Il eſt vrai qu'on a vû ſon caſque & ſa ceinture,
Qui faiſoient d'un Soldat l'éclatante parure.
Frappé de cet objet, chacun dans cet inſtant,
Décide qu'il n'eſt plus, & le bruit s'en répand.
Mais, Madame, auſſi-tôt cette erreur s'eſt détruite
Par quelques Priſonniers arrêtés à ſa ſuite.
Dans le fort du combat ſon caſque étincelant,
Vole par ſes efforts juſques dans notre rang.
Un Soldat l'a trouvé roulant dans la pouſſière;
A divulguer ſa mort il a donné matière.
S'étant trop expoſé, les nôtres l'ont ſurpris;
On a vû le moment qu'il alloit être pris.
Il va vers le Licus, * pour gagner la Médie;

* Rivière.

De Chefs & de Soldats sa personne est suivie.
Des montagnes qu'il trouve, il se fait des remparts ;
Où nous ne sçaurions plus affronter les hazards :
C'est-là que le Vaincu peut trouver un azyle,
Où l'accès d'une Armée est toujours difficile.

SYSIGAMBIS.

Je veux croire avec vous que mon fils n'est point mort ;
Mais après sa défaite a-t-il un meilleur sort ?
Un Roi qui se voyoit tant d'Etats en partage,
Où plusieurs Souverains venoient lui rendre hommage,
Se voir réduit à fuir, ainsi qu'un criminel,
Qui profane des Dieux le culte solemnel,
Qui n'est en sûreté nulle part dans l'Asie,
Où sa loi souveraine étoit toujours suivie :
Ne trouvera-t'il pas ce généreux vaincu,
Qu'il n'a dans son malheur déja que trop vêcu ?

EPHESTION.

Quoique le sort contraire en tout le persécute,
Vous le verrez un jour relever de sa chûte.
Les Dieux peuvent changer l'ordre de son destin,
Faire luire sur lui quelque jour plus serein.
Dans peu vous allez voir arriver Alexandre :
Connoissant ses bontés, vous pouvez tout prétendre.
Si l'intérêt des Grecs ne gênoit ses desirs,
Son grand cœur tiendroit-il contre vos déplaisirs ?
J'entends venir quelqu'un, c'est peut-être lui-même.

SYSIGAMBIS.

O Ciel ! en le voyant, ma douleur est extrême !

SCÈNE VII.

ALEXANDRE, SYSIGAMBIS, STATIRA, SITALSE, EPHESTION, PHILOTAS, ZAMINTE, ISMÈNE.

Suite des Princesses.

ALEXANDRE, *à Sysigambis.*

Madame, mes exploits ne m'offrent rien de doux,
Dès que sur vos malheurs je m'afflige avec vous.
Je connois vos vertus ; le sort qui vous opprime,
Confond dans votre sang l'innocence & le crime. *
Je sens son injustice, & vois par ses rigueurs,
Qu'il sembleroit vouloir éterniser vos pleurs ;
Mais dès qu'il vous remet, Madame, en ma puissance,
Je sçaurai contre lui prendre votre défense.
Je voudrois adoucir vos peines en ce jour,
Vous rendre supportable un si triste séjour.

SYSIGAMBIS.

Un rigoureux Destin a voulu m'y conduire,
Pour y porter des fers au sein de notre Empire.
La Perse vit jadis, par ses fameux exploits,
Fléchir toute l'Asie, assujettir des Rois ;

* Effectivement, Darius étoit criminel ayant fait répandre dans l'Armée d'Alexandre qu'il donneroit trente mille talens à quiconque l'assassineroit. Il en est mention dans la seconde Scène du premier Acte.

Elle ne fçauroit plus, fans commettre un grand crime
Rendre à fon Souverain un tribut légitime.
Le Ciel étant toujours contre lui conjuré,
Son trifte fort n'eft plus qu'un malheur affûré.
Sur ma tête autrefois brilloit ce Diadême, *
Attribut éclatant de la grandeur fuprême ;
Quoiqu'il foit de nos Dieux le plus augufte don,
Il ne m'eft plus permis de l'avoir fur mon front.
En vain je prétendrois en conferver la gloire,
Il devient aujourd'hui le prix de la Victoire.
Avant qu'on le demande à ma jufte douleur,
Je dois le dépofer dans les mains du Vainqueur.
Il ne doit point briller au milieu des allarmes ;
Joignez tout fon éclat à celui de vos armes.

ALEXANDRE.

Madame, il eft toujours confacré par les Dieux
Au pouvoir fouverain, qu'on révére en tous lieux.
Des honneurs immortels, c'eft le précieux gage ;
Permettez qu'Alexandre y rende fon hommage.
Que le cruel Deftin qui fait tout votre ennui,
Me retrouve pour vous, & tourné contre lui.
Ordonnez en ces lieux toujours en Souveraine ;
Le même éclat vous fuit, vous êtes toujours Reine;
Vous n'êtes point ici parmi vos Ennemis,
Et tout jufques à moi vous y fera foumis.

* Elle le montre de la main, parce qu'il eft dans celles d'une fuivante.

SYSIGAMBIS.

SYSIGAMBIS.

Grand Roi! je m'étois fait un image terrible
D'un Héros tel que vous, sous ce nom d'invincible:
Pouvez-vous réunir cette noble fierté,
Cet esprit magnanime, & tant de majesté,
Avec la Renommée en tous lieux répandue?
Lorsqu'ensemble l'on voit la terreur confondue
Dans la beauté de l'ame, & la bonté du cœur,
Comment y reconnoître un terrible Vainqueur!
Mais ce que fait pour moi cette ame généreuse,
Dans l'état où je suis ne peut me rendre heureuse.
De ma grandeur passée oubliez tout l'éclat;
Je suis votre Captive, & voilà mon état.
Je ne veux rien pour moi, Seigneur, je vous l'atteste.
Je vous demande tout pour un Peuple modeste,
Sincère, généreux, asservi sous la Loi,
Qui sçait d'un cœur docile obéir à son Roi.
Victime de la guerre, errant & misérable,
Je frémis au récit de son sort déplorable.
Vous qui de nos Etats devenez le vainqueur,
De ces nouveaux Sujets soyez le bienfaiteur.
Si vous aimez enfin la véritable gloire,
Des maux qu'ils ont soufferts effacez la mémoire:
Songez qu'ils ne sont plus, Seigneur, vos Ennemis;
Devenus vos sujets, ils vous seront soumis.

SCÈNE VIII.

ALEXANDRE, SYSIGAMBIS, STATIRA, SITALSE, EPHESTION, PHILOTAS, deux Enfans de Darius que deux Gouvernantes tiennent par la main, ZAMINTE, ISMENE.

Suite des Princesses. *

SYSIGAMBIS.

Mes enfans ** étonnés, pour arrêter vos armes,
Dans leur captivité n'opposent que des larmes.
Vous les voyez ici sous le poids de vos fers,
Gémir, servir d'exemple aux Rois de l'Univers.

A sa Famille.

A de si grands malheurs, ardens à nous poursuivre,
Votre Mere n'est pas en état de survivre.
Je vous laisse au pouvoir d'un Vainqueur généreux;
Sensible à votre sort, il sera moins affreux.
S'il vous abandonnoit, le brillant de sa gloire
Trouveroit un écueil, même dans la victoire.

A Alexandre.

Plus l'intérêt des Grecs semble nous désunir,
Et plus d'un tel Vainqueur ils doivent obtenir;

---

* Les deux enfans de Darius qui arrivent doivent être escortés par deux Gardes.
** Elle les montre de la main.

Quoique vos volontés soient une Loi suprême,
Dans notre état présent j'en appelle à vous-même.
Contre un tel Ennemi, l'effroi de tant de Rois,
Je réclame pour eux la justice & leurs droits.
De quel œil l'avenir verra-t-il dans l'Histoire
Le malheur du Persan servir à votre gloire ?
Abandonné sans cesse à l'injuste courroux
Des Grecs, qui sans raison vous arment contre nous ?
Quand il verra ce Roi, sans borner ses conquêtes,
Lancer de toutes parts la foudre sur nos têtes ;
Nos Palais démolis, & mon fils détrôné ;
Le culte de nos Dieux aboli, profané ;
Nos Enfans sans azyle, avec leur triste Pere,
Liés à votre char dans les bras de leur Mere ;
Que pourrez-vous répondre à la postérité ?
Pardonnez ce discours à ma témérité.
Vous voyez aujourd'hui mon ame désolée,
Succomber sous le poids dont elle est accablée.
Tout annonce l'éclat qui vous suit en tous lieux ;
Souffrez que nos douleurs en détournent les yeux,
Et que dans ce moment, au fort de nos allarmes,
Je donne un libre cours au torrent de mes larmes.

SCÈNE IX.

ALEXANDRE, SITALSE, EPHESTION, PHILOTAS,

ALEXANDRE.

Tout dans un Camp vainqueur peut blesser leurs regards ;
Qu'une Garde nombreuse y forme des remparts.
Si de quelques exploits nous célébrons la gloire,
Ecartons de leurs yeux l'éclat de la Victoire.
Je dois tous ces égards à leur auguste rang,
Eussent-elles des Grecs épuisé tout le sang.
Mais non, elles ne sont que d'illustres Victimes,
Ayant part aux malheurs sans en avoir aux crimes.
Offrez-leur ce respect & les mêmes honneurs
Qu'ici vous pourriez rendre à ma Mere, à mes Sœurs.
Après tant de travaux si chers à ma mémoire,
Nous sommes parvenus au comble de la gloire.
Chacun en a sa part dans un jour de combat ;
Je n'en prétends pas plus que le dernier Soldat.
Quel moyen de ravir celle qui vous est dûe ?
Ma valeur sans la vôtre eût été superflue.
Ayant toujours ensemble affronté le danger,
Les fruits de nos exploits doivent se partager.
Si la Perse par eux nous ouvre son Empire ;
Si son farouche orgueil sous ma puissance expire ;

TRAGÉDIE.

Si l'Asie à genoux reçoit par-tout mes Loix ;
Si je vois à ma suite une foule de Rois,
J'ai trop payé l'honneur du progrès de mes armes,
Par un sang qui me coûte aujourd'hui tant de larmes.
Allons, amis, allons, dans ce terrible jour,
Voir ceux qu'un tendre soin peut rendre à mon amour.*

* Il va voir panser les blessés.

ACTE III.

SCENE PREMIERE.

ALEXANDRE, OPHIS, ZONYME.

ALEXANDRE.

La Victoire aujourd'hui, que mon Destin enchaîne,
Sembloit au Champ de Mars demeurer incertaine ;
Après avoir enfin couronné ma valeur,
Je viens vous la soumettre, ainsi que le vainqueur.
Dès que de l'Orient j'ai brisé les barrières,
Je ne vous offre point de lauriers ordinaires.
Madame, vous sçavez quels sont mes sentimens,
Faut-il les garantir par la foi des sermens ?

OPHIS.

Je demeure interdite ! Aurois-je pû le croire,
Qu'un Héros tel que vous, au faîte de la gloire,
Attachât son bonheur à captiver les vœux
D'une triste Princesse Esclave dans ces lieux ?
Réduite à soupirer sous le poids de vos chaînes,
Rien ne peut apporter de douceurs à mes peines.
Reprenez vos bienfaits, je les rejette tous,
Dès que je dois pleurer la perte d'un Epoux.

La Mort me l'a ravi, lorsque votre furie
Soumit le Tanaïs, & ravagea l'Asie.
C'est à vous que je dois imputer son trépas.
Voyez si votre hymen peut avoir des appas
Pour ce cœur languissant plongé dans la tristesse,
Qui doit à ses ennuis s'abandonner sans cesse ?
Je ne connois plus qu'eux dans ce triste séjour.
Où regne la terreur, quel pouvoir a l'Amour ?

ALEXANDRE.

Armé de vos attraits, fier de votre présence,
Pouvez-vous ignorer jusqu'où va sa puissance ?
Dès qu'il vient m'opposer d'invincibles appas,
Contre vous, contre lui, que sert d'armer mon bras ?
Il veut de son pouvoir renverser l'équilibre,
Rendre un Vainqueur Captif, une Captive libre.
Je ne puis exercer ma puissance à mon choix,
Dès que l'Amour la rend Esclave de ses Loix.
Je n'exige de vous qu'un tribut légitime,
Puisque mon tendre amour ne vient qu'après l'estime.
D'un œil indifférent verrez-vous chaque jour
Ces honneurs, ce respect qu'on vous rend dans ma Cour ?

OPHIS.

Ces honneurs apparens, souvent mis en usage,
Ne sont à des Captifs qu'un pompeux esclavage,
Dont l'éclat dangereux toujours les éblouit,
Si le ressentiment est une fois séduit.
Le caprice du sort redouble ses atteintes,
Lorsque par vos faveurs il interdit mes plaintes.

Si je dois tout tenir, Seigneur, de votre main,
Je vois à votre gloire immoler mon Destin.

ALEXANDRE.

Non, vous ne devrez rien, Madame, à ma puissance ;
Son empire finit, quand le vôtre commence.
Vos dangereux attraits, dans mes premiers combats,
Ont forcé la Victoire à voler sur vos pas.
Princesse, vous voyez la terreur de mes armes
Céder, & se soumettre au pouvoir de vos charmes.
De ce même pouvoir je ne puis m'affranchir,
C'est un joug rigoureux, sous qui tout doit fléchir,
Qui me rend dans ma Cour par un destin contraire,
D'une Reine captive aujourd'hui Tributaire.

OPHIS.

Que mon ressentiment ne soit point combattu ;
Il fait toute ma gloire, il soutient ma vertu.
Ma haine contre vous n'est que trop légitime,
Cependant malgré moi vous avez mon estime.
Ces sentimens rivaux ne peuvent s'étouffer,
Si vous aimez à voir le dernier triompher,
Et d'être pour Ophis un Prince redoutable,
Devenez moins puissant, vous serez formidable.
Quoi ! prétendez-vous donc, dans vos vastes projets,
De tous vos Ennemis en faire des Sujets ?
Désoler ces climats & ravager la terre,
Déchaîner tous les maux sur ce triste hémisphère ?
C'en est trop à la fois ; il naîtra des Vengeurs,
Qui pourront mettre un frein à toutes vos fureurs.

TRAGÉDIE.
ALEXANDRE.

Quittez des fentimens, dont la vertu s'offenfe ;
Pourquoi nourrir dans l'ame un defir de vengeance ?
Quand vos armes par-tout foutenoient Darius,
J'étois votre ennemi, mais je ne le fuis plus.
Le fort dans les combats fait pancher l'avantage ;
Avoir été vaincu, ce n'eft pas un outrage.

OPHIS.

Vous, qui faites voler en tous lieux la terreur,
N'êtes-vous point faifi d'une fecrette horreur,
Ayant de tant de fang innondé cette terre ?
Que d'ombres à la fois vous déclarent la guerre !
Régler à votre gré le deftin des Etats,
C'eft fur le droit Divin former des attentats.
Quel fruit efpérez-vous d'une telle Victoire ?
Avez-vous fur ce point confulté votre gloire ?
Approuve-t-elle enfin, dans vos deffeins altiers
Que des torrens de fang arrofent vos lauriers ?
Que tant de Souverains, en defcendant du Trône,
Soient dépouillés des droits que la vertu leur donne ?
On diroit qu'ils n'ont plus ni voix ni volonté,
Dès que vous attentez jufqu'à leur liberté ;
Que fur cet Univers ils n'ont aucun empire ;
Que, s'ils veulent regner, vous devez les élire.
Aucun efpoir de paix ne fut jamais permis.
Vous n'êtes point un Roi que l'amour a foumis,
Dès que je vois, Seigneur, qu'une guerre effroyable
Imprime dans votre ame une horreur agréable.

N'est-il que ces travaux qui donnent des lauriers ?
La paix n'a-t-elle pas illustré des Guerriers ?
Dès que vos armes ont remporté la victoire,
Que manque-t-il, Seigneur, à ce genre de gloire ?

ALEXANDRE.

Je n'ai rien fait encor, Madame, ô Ciel !

OPHIS.

Pourquoi ?

ALEXANDRE.

Je n'ai point triomphé ni de vous ni de moi ;
Vous êtes invincible, intraitable, cruelle,
Injuste à mon égard, sans en être moins belle.
Je ne puis dérober mon cœur à vos appas ;
Lorsque je veux vous fuir, il marche sur vos pas.
Ne serez-vous jamais à mes vœux favorable ?
Devenez plus sensible, en vous montrant aimable.
Vous avez mes soupirs, Madame, pour témoins
D'un amour à qui j'ai donné mes premiers soins.
Il me tient asservi sous des loix si sévères,
Que toutes ses douceurs me deviennent amères.
Alexandre doit-il, en vous offrant sa main,
Gémir à vos genoux, & soupirer en vain ?
Voulez-vous aujourd'hui, contre vos propres charmes,
Me fournir des raisons, & me donner des armes ?

OPHIS.

Quoi qu'à tous mes malheurs vous vouliez opposer,
Mon ame à mes ennuis ne peut se refuser.

TRAGÉDIE.

Dans ce cœur, en effet, héroïque & sublime,
Je vois pourtant l'Amour marcher avant l'Estime.
Quel jugement, Seigneur, portez-vous contre moi,
De penser que j'irois recevoir votre foi ?
Cessez de me flatter de cet hymen insigne,
Dont je ne puis jouir qu'en m'en rendant indigne.

ALEXANDRE.

Allez, Madame, allez consulter à loisir
Si c'est là le parti que vous devez choisir.

SCENE II.

ALEXANDRE, EPHESTION.

ALEXANDRE.

SItalse arrive-t-il ?

EPHESTION.

Seigneur, il va se rendre.
Je l'ai fait avertir, & je venois l'attendre.

SCENE III.

ALEXANDRE, SITALSE, EPHESTION,
PHILOTAS.

ALEXANDRE, à Sitalſe.

Lorsque j'ai reconquis, Prince, tous vos Etats,
L'eſpoir de m'agrandir n'a point armé mon bras.
Pharès les envahit ſur vos malheureux Peres.
Vous paſſâtes alors dans des mains étrangères ;
Les armes du Vainqueur n'épargnerent que vous ;
Le reſte fut détruit par ſes funeſtes coups.
Chaque Prince à l'envi ſe diſputoit la gloire
D'arracher de ſes mains une injuſte victoire.
En faiſant avec lui ſuccomber tant de Rois,
Le ſort la réſervoit à mes premiers exploits.
Et j'aurois à rougir d'un ſi noble avantage,
Si j'allois différer d'en faire un digne uſage.
Partez avec Ormus & mes Ambaſſadeurs,
Allez dans vos Etats oublier vos malheurs.
Il n'eſt aucun obſtacle ici qui vous arrête ;
Je veux qu'avec éclat votre départ s'apprête.
Que le Thrace ſoumis ne ſoit point opprimé :
Vous ſerez tout puiſſant, ſi vous êtes aimé.
N'allez pas ſur le Trône, ennivré de délices,
Des fidéles Sujets oublier les ſervices ;

Couronnez les vertus, puniſſez les forfaits;
Soyez dans tous les tems la ſource des bienfaits.
Un Roi dont l'équité ſe joint à la puiſſance,
Doit tenir dans ſes mains le glaive & la balance.

SITALSE.

Et comment reconnoître un trait ſi généreux?
Vous n'êtes ſatisfait qu'en faiſant des heureux.
D'Eſclave que je ſuis, vous voulez que j'eſpère,
Que vous m'allez placer au Trône de mon Pere.
Je vous devois aſſez d'avoir puni, Seigneur,
Son cruel Ennemi, ſon lâche uſurpateur;
D'avoir fait ſur ce Monſtre éclater la tempête,
Et de tous ſes Etats une juſte conquête.

ALEXANDRE.

Vous devez mes bienfaits, ſi vous êtes content,
Bien moins à mes bontés qu'au mérite éclatant
D'un Prince à qui je dois peut-être davantage,
Ayant pour mon ſervice employé ſon courage.

A Epheſtion.

Le jour d'un grand triomphe exige tant de ſoin,
Que ſi l'on ne le prend, la licence va loin.
Par des ordres nouveaux prévenons les allarmes:
Que les Grecs diſperſés ſe tiennent ſous les armes.

SCENE IV.
SITALSE, PHILOTAS.

PHILOTAS, *regardant par-tout.*

APRès un tel bienfait si long-temps attendu,
Le fer déja levé, reste-t-il suspendu ?
Vous prétendez, Seigneur, porter une couronne,
Prenez-là, sans souffrir qu'un Vainqueur vous la donne.
La tenant de sa main, alors elle ne fait
D'un Monarque puissant qu'un illustre Sujet.
Il céde, je le vois, le fruit d'une victoire ;
Mais ce n'est point à vous.

SITALSE.

A qui donc ?

PHILOTAS.

A la Gloire.

SITALSE.

Ce beau trait, dont l'éclat réfléchit tout sur lui,
Quelque brillant qu'il soit, ne m'a point ébloui.
Je pese vos raisons dont la force épouvante ;
Mais vous ne dites pas, Seigneur, la plus puissante.
Sitalse est enflammé d'un amour sans égal,
Et j'ai dans Alexandre un dangereux Rival.
Hâtons plus que jamais le succès que j'espère ;
Notre coup est manqué, s'il faut qu'on le différe.

Prévénons la Princesse, & tâchons que ce soir...

PHILOTAS.

Non, ce n'est point encor l'heure qu'on doit la voir.
Il n'est qu'un seul moyen que nous ayons à prendre,
Qui puisse intéresser Ophis à nous entendre.

SITALSE.

Etes-vous bien certain de la fidélité
De tous les Conjurés, & de leur fermeté ?
Suivront-ils jusqu'au bout ce projet salutaire ?

PHILOTAS.

Aucun d'eux n'en pourra dévoiler le mystère.
Oui, tout nous est garant aujourd'hui du secret,
Notre salut, nos jours en demandent l'effet.
Le rapide penchant d'une telle carrière,
Permet-il qu'on s'arrête, ou qu'on tourne en arrière ?
Je vais en ce moment apprendre aux Conjurés
Qu'à nos projets vos soins sont toujours consacrés ;
Que rien ne peut changer l'espoir qui vous anime,
Et que nous agissons d'un esprit unanime.

SCENE V.

SITALSE, seul.

Faut-il que je condamne à périr aujourd'hui,
Un Roi, quand ses bienfaits viennent parler pour lui !

Que dis-je ? dans un temps où le péril nous presse,
Céder à des remords, n'est qu'un trait de foiblesse;
A l'aspect du danger se trouver arrêté,
Balancer son dessein, est une lâcheté.
Mais non, c'est ma vertu qui m'inspire sans doute;
Que la crainte combat, que le crime redoute.
Des lâches Conjurés justifions l'effroi ;
Que sous le même coup tous tombent avec moi !

SCÈNE VI.

OPHIS, SITALSE, ZONYME.

OPHIS.

Vous allez donc monter au Trône de vos Peres,
Et d'un Peuple abattu consoler les miseres.

SITALSE.

Le bonheur de la Thrace est l'objet de mes vœux ;
Sans sa félicité, je ne puis être heureux.
Que de soins différens exige un vaste Empire !
Au gré de ses desirs je voudrois me conduire.
Je monte à ce haut rang, où la faveur des Dieux
A placé par leurs choix plusieurs de mes Ayeux.
Quoiqu'ils eussent le droit de pouvoir y prétendre,
Ces mêmes Dieux souvent les en ont fait descendre.

OPHIS.

Sous un joug étranger un Peuple est étonné;
Quelque léger qu'il soit, il en est consterné.

Vous

Vous ne recevez pas avez assez de joie
Ce changement de sort que le Ciel vous envoie.
Vous voyez couronner vos illustres travaux,
Et vous allez jouir des douceurs du repos.

SITALSE.

Cette même faveur que je dois reconnoître,
Me donne pour jamais un véritable maître.
Après que son courage a soumis l'Orient,
Quel Roi peut désormais se dire indépendant ?
Ses bienfaits éclatans & sa magnificence,
Ainsi que ses exploits, cimentent sa puissance.

OPHIS.

Je crois que l'Univers, dans son immensité,
Offre à tous ses travaux un champ trop limité.

SCÈNE VII.

OPHIS, SITALSE, ZONYME, UN CAPITAINE des Gardes.

LE CAPITAINE.

Vous avez ordonné, Madame, en ma présence,
Qu'on sçache si quelqu'un n'a pas eu connoissance
Du sort infortuné du Prince votre Epoux.
Parmi les Prisonniers arrivés avec nous,
Il s'en trouve aujourd'hui de cette même Armée,
Que le destin contraire a toujours opprimée,

D

Qui l'ont vû, disent-ils, combattre dans Issus,
Où ce Prince sembloit avoir pris le dessus,
Quand Alexandre vint, suivi de la victoire.
Par eux vous apprendrez le reste de l'Histoire. *

SCÈNE VIII.
TESSANDRE, OPHIS, ZONIME.

OPHIS, à part.

JE crains de lui parler en ce jour malheureux !
J'en apprendrai, je crois, bien plus que je ne veux.
Mais que vois-je, grands Dieux ! Tessandre, est-il possible !
C'est vous ! A ce plaisir je me sens trop sensible,
Pour être dans l'erreur. Par quels événemens
Le Ciel vient-il vous rendre à mes empressemens ?

TESSANDRE.

Vous voyez devant vous, vertueuse Princesse,
Un Epoux dont l'amour vous regretoit sans cesse.
Voyant mes forts rasés, mon Empire détruit,
Je m'éloignois de vous en cet état réduit !
Mes Troupes ont péri, n'ayant plus de retraite,
Hors deux mille Soldats, restes de ma défaite.
Avec eux je venois, par un nouvel effort,
Me joindre à Darius, tenter un meilleur sort ;

* Il se présente deux Prisonniers ; mais un, qui est Tessandre,
fait signe de la main à l'autre de s'en aller.

TRAGÉDIE.

Je suis fait Prisonnier, connu dans cette Armée
Pour un Chef de parti de quelque Renommée;
On m'amene en ces lieux, suivant l'ordre du Roi,
Où je suis détenu seulement sur ma foi.

OPHIS.

Cher Prince, enfin le Ciel veut que je vous revoie!
Je ne puis exprimer tout l'excès de ma joie!
Mais à ce doux transport succède une frayeur,
Sur ce que vous risquez en ces lieux pleins d'horreur.
Tessandre, gardez-vous de vous faire connoître;
Dans ce tems orageux vous péririez peut-être;
Dès que depuis long-tems le Roi vous fait chercher,
Plus que jamais, Seigneur, vous devez vous cacher.
En ce fatal séjour habite le Tonnerre,
Et tous ses attributs, instrumens de la guerre.
Sur un Trône de fer élevé sur des dards,
Entouré de carquois, de piques, d'étendards:
On y voit présider en cet éclat terrible,
Ce Roi dont la puissance est toujours invincible.
Ce Conquérant s'apprête à de nouveaux exploits;
L'Univers ébranlé va tomber sous ses loix.
Du pouvoir despotique & de notre esclavage,
Mille objets différens nous présentent l'image.
Combien de Députés, d'Ambassadeurs divers,
Viennent dans cette Cour du bout de l'Univers!
A sa vaste puissance il faut que tout réponde;
C'est le centre du trouble, & la terreur du monde;
Les serviles Sujets, de leur sort étonnés,
A l'aspect de ce Roi demeurent consternés.

Les uns courent en foule adorer son caprice,
De leur cœur à l'envi lui faire un sacrifice ;
Les autres par des vœux lui dressent des Autels,
Qui ne sont destinés que pour les Immortels.
Il est dans cette Cour des monstres sanguinaires,
De ce Prince aujourd'hui Conseillers ordinaires :
De leur subtil poison ils corrompent son cœur,
Et ne font qu'un Tyran d'un généreux vainqueur ;
Qui, par raison d'Etat le conduisent au crime :
Ce qui n'en est que l'ombre en devient la victime.
Enfin il est encor d'autres raisons, hélas !
Pour n'être point connu, que je ne vous dis pas !

TESSANDRE.

Sans nous épouvanter d'un si fatal présage,
Pour sortir de ces lieux ouvrons-nous un passage.

OPHIS.

Est-il quelque moyen que l'on puisse trouver ?

TESSANDRE.

Sur d'éclatans débris l'on peut se relever.

OPHIS.

Qui pourroit désormais, d'une main triomphante,
Prêter un prompt secours à la Perse expirante !
En vain de l'esclavage on cherche à s'affranchir,
Quand Darius lui-même est contraint de fléchir.

TESSANDRE.

Quoi, faudra-t-il qu'Ophis, d'horreurs environnée,
De climat en climat traîne sa destinée !
Ranimons nos efforts, ainsi que nos desseins;
Armons contre ce Roi le reste des humains.
De cent Peuples divers, qui prenoient ma défense,
J'ai souvent contre lui soulevé la puissance.

OPHIS.

Ce n'est point pour parler le moment ni le lieu.
On vient, retirez-vous. Adieu, cher Prince, adieu.

SCÈNE IX.

STATIRA, OPHIS, ZONIME, ISMENE.

STATIRA.

Tout retentit, Madame, on a dû vous l'apprendre,
Des bienfaits que Sitalse a reçus d'Alexandre.
Le bonheur qu'il ressent cause un plaisir si vif...

OPHIS.

Il le goûteroit mieux, s'il n'étoit excessif.
Les sens pour bien agir ne veulent rien d'extrême;
S'il est tout à sa joie, il n'est plus à lui-même.

STATIRA.

Un trait si généreux, & d'un si grand éclat,
Peut exposer ce Prince au danger d'être ingrat.
Même, si j'en dois croire un bruit sourd qui s'élève,
Sitalse est criminel. Ah! faut-il que j'acheve!
Sur les jours d'un héros qui l'avoit trop aimé,
Peut-on le croire? Il a son complot tout formé.

ISMENE, à Ophis.

On assûre, Madame, oserois-je le dire,
Qu'Ophis à ce complot a bien voulu souscrire?

OPHIS.

Qu'entens-je! Que dis-tu?

ISMENE.

L'erreur s'éclaircira.

A Statira.

Et de plus, pour complice on nomme Statira.

STATIRA.

Qui, moi! complice! ô Ciel!

ISMENE.

Mais on le croit, Madame;
On dit que vous sçavez le complot qui se trame.
De tout ce que j'apprens je dois vous faire part;
Contre vos Ennemis faites-vous un rempart.

STATIRA.

Non, rien n'est parvenu jusqu'à ma connoissance,
Qui fût du moins suivi de quelque vraisemblance.
Courons....

OPHIS.

Non, arrêtez. Je vais vous éclaircir ;
A vous tirer d'erreur je pourrai réussir.

STATIRA.

Quelle est cette entreprise, ou plutôt le mystére,
Que renferme un discours....

OPHIS.

Je vais vous satisfaire.

SCENE X.

OPHIS, STATIRA, ZAMINTE, ZONIME, ISMENE.

ZAMINTE, à Statira.

Tout est perdu, Madame ! On voit de tous côtés,
Des Gardes, des Soldats à pas précipités
Courir dans cette enceinte où l'on nous environne :
Arrêtez, disent-ils ! *ne respectez personne !*

Qu'eſt-il donc arrivé ? Dans cet affreux moment,
Je tremble de frayeur d'un tel événement.
On dit que Philotas, Anticlés, Epimènes,
Agaton, Antius, ſont déja dans les chaînes.

SCENE XI.

UN CAPITAINE DES GARDES, GARDES, OPHIS, STATIRA, ZAMINTE, ZONIME, ISMENE.

LE CAPITAINE.

DEs ordres ſouverains, qui vous regardent tous,
Veulent que dans l'inſtant je m'aſſûre de vous.

OPHIS.

O Ciel ! quelles horreurs !

STATIRA.

    Dieux ! prenez ma défenſe !
Laiſſerez-vous toujours opprimer l'innocence ?

ACTE IV.

SCENE PREMIERE.

ALEXANDRE, SYSIGAMBIS, EPHESTION, ZAMINTE.

SYSIGAMBIS, à *Alexandre*.

DES Princeſſes aux fers ! Quel eſt donc l'attentat
Qui les rend aujourd'hui criminelles d'Etat ?
Faut-il que le deſtin, même après notre chûte,
Par de nouveaux revers encor nous perſécute !
Non, j'ai lieu d'eſpérer qu'un Héros tel que vous,
Dans ſa colère même en ſuſpendra les coups :
Qu'ils ne partiront point d'un Roi ſi magnanime
Qu'il n'ait examiné par lui-même le crime
Que ma fille, dit-on, contre vous a commis.
Ce trait ne peut venir que de nos Ennemis.
Je tombe à vos genoux que ma douleur embraſſe,
Non pas pour vous fléchir, ni vous demander grace ;
N'étant point criminelle, elle eſt trop au-deſſus
D'implorer un ſecours que bravent ſes vertus :
Mais pour vous demander une prompte juſtice,
Contre tous les auteurs d'un ſi noir artifice.

ALEXANDRE.

Madame, mes bienfaits doivent être garans
De la fidélité des cœurs reconnoiſſans.
Hé, pourrois-je penſer qu'une grande Princeſſe,
Pour qui tout l'Univers aujourd'hui s'intéreſſe,
Eut eu la cruauté par un lâche attentat
De porter ſes deſſeins juſqu'à l'aſſaſſinat!
L'aſſaſſinat d'un Roi ſenſible à ſes allarmes,
Qui ſe plaint en ſecret du ſuccès de ſes armes?
Par de légers ſoupçons, qu'on n'a pû ſoutenir,
Contre elle on ne ſçauroit jamais me prévenir.
Mes ſoins ont éclairci ce que j'en devois croire,
Et mon juſte retour lui rend toute ſa gloire
Avec la liberté qu'elle avoit dans ma Cour;
Je la rends à ces vœux qu'exige votre amour.

SYSIGAMBIS.

Sur cet objet, Seigneur, vous m'avez ſatisfaite;
Mais un autre à l'inſtant rend ma joie imparfaite.
Vous laiſſez dans les fers Ophis, dont les vertus
Auroient dû par vos ſoins prendre auſſi le deſſus.
Elle eſt du même ſang qui m'a donné la vie;
Ses Etats, ſes malheurs, en un mot, tout nous lie.
Il eſt dans cette Cour des Ennemis ſecrets,
Qui vous engageront à d'injuſtes décrets.

ALEXANDRE.

Une telle entrepriſe a lieu de vous ſurprendre.
Dans toute ſa noirceur on vient de me l'apprendre.

SYSIGAMBIS.

Je verrois immoler la Princesse à mes yeux,
Si d'un tel attentat elle offensoit nos Dieux:
Mais non, elle n'est point complice de ce crime;
Des ennemis cachés en ont fait leur victime.
Elle n'est point coupable, un Arrêt si cruel
Va vous rendre vous-même aujourd'hui criminel.
De Statira, Seigneur, dont la vertu murmure,
Je vais calmer le trouble, & réparer l'injure.

SCENE II.

ALEXANDRE, EPHESTION.

ALEXANDRE.

LEs ordres adressés à Phocas, à Timeur,
Ont-ils été suivis dans toute leur rigueur?
A-t-on chargé de fers cette ingrate Princesse,
Qui payoit d'un forfait l'excès de ma tendresse?

EPHESTION.

Seigneur, oubliez-vous que vous avez permis
Qu'elle vînt en ces lieux vous marquer ses ennuis?
Et même, par votre ordre, on dit qu'on vous l'amene.

ALEXANDRE.

Je puis l'avoir donné dans le fort de ma haine,

Poussé par le plaisir que j'aurois d'étouffer
Un amour que j'ai vû trop long-tems triompher.
J'ai voulu la braver, & mépriser ses charmes;
Contre eux en ma faveur elle fournit des armes.
Mais que vois-je? C'est-elle! On l'amene en ces lieux!
Sa perfide beauté séduit encor mes yeux.
A-t-elle le maintien d'une femme coupable?
Et ne diroit-on pas qu'elle est irréprochable?
Ami, pour un instant disparois, laisse-moi:
Pourrois-je en liberté lui parler devant toi?

SCENE III.

ALEXANDRE, OPHIS, *les fers aux mains*, GARDES.

OPHIS.

OUi, je suis au-dessus de ces indignes craintes,
Dont l'amertume arrache & des pleurs & des plaintes.
L'innocence peut-elle, en élevant la voix,
Sous le poids des malheurs, réclamer tous ses droits?
S'il faut qu'à votre aspect, Seigneur, mon front rougisse,
D'un injuste décret, que le vôtre pâlisse.
Connoissez donc Ophis, qui veut même à vos yeux
Confondre, en expirant, les destins & les Dieux.

TRAGÉDIE.

ALEXANDRE.

On voit dans ces discours la farouche licence,
L'orgueil, la perfidie, & l'aveugle vengeance;
Un esprit sans remords, toujours maître de soi,
Ferme dans l'entreprise, incapable d'effroi.
Philotas, dont l'audace aujourd'hui vous inspire,
Promettoit à vos vœux l'éclat d'un vaste empire.
Par où votre projet alloit-il mériter
Ce Trône où je voulois vous faire remonter?
Il est des Loix d'Etat qu'un Souverain impose;
Mais il ne doit jamais juger sa propre cause.
Mon Conseil assemblé dans ce fatal moment,
Va sur les Conjurés rendre son jugement.
Je voudrois, je l'avoue, & contre mon attente,
Que la Princesse Ophis lui parût innocente.

OPHIS.

Quel que soit le desir que j'ai de voir la fin
De ces jours malheureux qu'outrage le destin,
Je ne dois point sortir d'une importune vie,
Par un trépas suivi de tant d'ignominie:
Mais si pour mon malheur, notre Ennemi juré,
Si votre Ephestion, de mon sang altéré,
A pour sa sûreté résolu mon supplice;
Hélas! quoiqu'innocente, il faut que je périsse!

ALEXANDRE.

Ephestion, grands Dieux!

OPHIS.

Vous êtes étonné !
D'un pareil attentat qui l'auroit soupçonné ?
Sitalse & Philotas, pour vous remplis de zéle,
Tantôt m'en ont appris l'effrayante nouvelle.
De vous en avertir nous avions résolu ;
Mais un des Conjurés, qui sans doute l'a sçu,
Pour se débarrasser de témoins redoutables,
De son propre forfait nous a rendus coupables ;
Et lorsque nous allions en secret devant vous
Le convaincre du crime, on nous arrête tous.

ALEXANDRE.

Hé, c'est vous qui suivez cette étrange maxime,
Qui dit qu'il faut couvrir le crime par le crime !
C'est vous qui séduisez les plus foibles Mortels,
Et qui leur inspirez des desseins criminels.
De votre indignité je connois l'artifice :
Qui défend un coupable, en devient le complice.
S'ils étoient criminels vous le feriez aussi.

OPHIS.

Quoi, se peut-il, Seigneur, que vous pensiez ainsi
De deux braves Guerriers, qui toujours l'un & l'autre
Ont emploié leur vie à défendre la vôtre !
Tandis qu'on ne sçauroit vous faire soupçonner
Un traître qui s'apprête à vous assassiner !
Comment arrive-t-il qu'un Monarque équitable
Opprime l'innocent, épargne le coupable ;

TRAGÉDIE.

Et n'ose approfondir l'exécrable dessein
Que médite un serpent rechauffé dans son sein ?

ALEXANDRE.

Hélas ! pour m'accabler avec plus de surprise,
On fait Ephestion l'ame de l'entreprise !
Quelle est cette défense ? elle est digne de vous !
Tous ces détours ne font qu'exciter mon courroux.
Il ne m'est plus permis de douter, inhumaine ;
J'ai de votre attentat une preuve certaine.
Lui montrant un billet.
Regardez cet écrit. Vous le reconnoissez.

OPHIS.

Oui, Seigneur, & ces mots de ma main sont tracés.

ALEXANDRE *lit.*

Le Roi dans un moment va se rendre à ma Tente ;
Suivez-le de bien près ; je suis impatiente
De voir exécuter le projet convenu,
Et qui par un délai peut être prévenu.

OPHIS.

Ce billet important, que vous venez de lire,
Dans tout ce que je dis, ne peut me contredire.
J'écris à Philotas, fidéle Délateur,
De venir avec moi vous avertir, Seigneur,
Et sans perdre un moment, des secrettes pratiques,
Dont il doit vous donner des preuves authentiques.
Quand de votre assassin je veux parer les coups,
Dois-je craindre pour moi ce que j'ai craint pour vous ?

ALEXANDRE.

Vous veillez sur mes jours ! vous, dont l'ame inhumaine
A payé de tout tems mon amour par la haine;
Vous enfin dont le cœur, à me braver inftruit,
Voudroit voir en un jour mon Empire détruit !
Vous êtes du complot : vous méritez fans doute,
Ces horreurs, ce mépris que votre orgueil redoute.

OPHIS.

Le mépris n'a pour moi que des coups impuiffans;
Je fuis inacceffible à fes traits menaçans.

ALEXANDRE.

Se livrer aux forfaits, & prétendre à l'eftime,
C'eft vouloir que dans vous on approuve le crime.
Une Princeffe aux fers, dans l'opprobre & l'horreur,
Ofe braver encor jufques à ma fureur !
Ce qu'on nomme courage au fort de la triftefle,
Eft fouvent défefpoir, & quelquefois foibleffe.

OPHIS.

Implacable Tyran, auteur de nos revers,
Qui fous un joug de fer retenez l'Univers,
Penfez-vous que du fort la faveur équitable
Ait fondé pour vous feul un Trône inébranlable ?
Que vous aurez toujours, pour marcher fur vos pas,
Dans d'injuftes projets d'invincibles Soldats ?
Que le Ciel indigné, prenant notre défenfe,
N'étendra pas fur vous une prompte vengeance ?

ALEXANDRE.

ALEXANDRE.

Vous comptez vainement fur votre fermeté ;
Vous devriez plutôt avec fincérité,
Avouant l'attentat, mériter votre grace.

OPHIS.

Pour vous la demander ai-je l'ame affez baffe ?
Qui brave vos Décrets peut affronter la mort.
Vous me verrez toujours au-deffus de mon fort.
Prétendez-vous noircir à jamais ma mémoire,
Dès que même la mort ne peut rien fur ma gloire ?
Et qui dans l'Univers un jour ne fçaura pas
Que la vertu d'Ophis furvit à fon trépas ?

ALEXANDRE.

J'aime un noble courroux, lorfque par l'innocence,
Il peut avec fierté foutenir ma préfence ;
Mais ce même courroux me paroît odieux,
Dès qu'il n'a pour appui qu'un front audacieux.

OPHIS.

Tel doit de l'innocence être le caractère,
Et fa candeur vous parle un langage fincère.
Je m'explique peut-être avec trop de chaleur :
De vos Décrets furpris exercez la rigueur ;
D'un complot contre vous vous m'avez foupçonnée,
Hâtez à votre gré ma trifte deftinée.

E

ALEXANDRE.

S'il n'étoit qu'un soupçon, Madame, contre vous,
On trouveroit en moi des sentimens plus doux ;
J'éprouverois encore un amour trop fidéle,
La Gloire, dans mon cœur ne trouve qu'un rebelle.

Aux Gardes.

Quel que soit son forfait, & toutes ses fureurs,
Dans sa captivité respectez ses malheurs.
Détachez-lui ses fers. Allez, qu'on la reméne.

SCÈNE IV.
ALEXANDRE *seul.*

Ophis à son aspect voit chanceler ma haine,
Et même triompher ses perfides appas ;
Que je cherche le crime & ne le trouve pas.
~~Je ne puis cependant concevoir l'espérance,~~
~~Que dans l'air de candeur réside l'innocence.~~

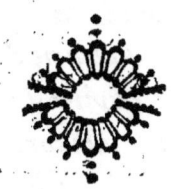

SCENE V.
SITALSE, ALEXANDRE, EPHESTION.
SITALSE.

Seigneur, je n'eusse osé m'offrir à votre vûe,
Si d'Ophis l'innocence eût été reconnue.
Jugeant sur l'apparence on s'est souvent trompé;
Dans notre noir complot elle n'a point trempé.
En se joignant à nous, bien loin d'être coupable,
Son dessein n'avoit rien en lui que de louable;
Et c'est par l'intérêt qu'elle prend en vos jours,
Qu'elle vouloit, Seigneur, nous prêter son secours.
Pour la déterminer nous lui dîmes qu'un Traître
Vouloit ôter la vie & le Sceptre à son Maître:
Que celui qui tramoit la conspiration
Etoit ce grand Ami, ce cher Ephestion !
Ephestion, dit-elle ! Ah ! que du Parricide
Ne vois-je en ce moment couler le sang perfide !
Courons sans différer en informer le Roi :
Non, lui dit Philotas, *Madame, croyez-moi,*
Ne faisons point d'éclat ; la trame découverte,
Du Monarque pourroit précipiter la perte.
D'un parti trop nombreux redoutons le pouvoir ;
Craignons des Scélérats armés du désespoir.
Il faut une conduite en ceci plus prudente.
Si-tôt qu'avec le Roi, ce soir en votre Tente,

Le traître arrivera, vous nous introduirez ;
Alors d'Epheſtion & de ſes Conjurés
Nous donnerons au Roi la liſte criminelle,
Surpriſe adroitement par un ſujet fidelle.
Dans le piège aiſément nous la fîmes donner ;
Mais avoit-elle auſſi lieu de nous ſoupçonner ?

ALEXANDRE.

C'eſt donc une impoſture ! Elle n'eſt point complice !
De ſes Accuſateurs ordonnons le ſupplice. *
Partez pour les Etats que je vous ai donnés.

SITALSE.

Quoi, Seigneur, mes forfaits...

ALEXANDRE.

                Ils vous ſont pardonnés.

SITALSE.

Je ne puis ſoutenir votre auguſte préſence !

ALEXANDRE.

Prince, votre douleur vous rend votre innocence.
Allez, de l'attentat je vois le repentir,
Je laiſſe à vos remords le ſoin de vous punir.

* Il reſte un inſtant penſif, avant de prononcer le dernier Vers, par lequel il lui dit de partir.

SCENE VI.

ALEXANDRE, EPHESTION, un CAPITAINE des Gardes.

LE CAPITAINE.

OPHIS, que vous venez, pour adoucir ses peines,
De délivrer, Seigneur, du fardeau de ses chaînes,
Surprenant un passage, alloit dans le moment
Du Camp pour s'échapper sortir furtivement.
Un Officier Persan, qu'on voyoit à sa suite,
Devoit l'accompagner, m'a-t-on dit, dans sa fuite.
Je les ai sur le champ fait arrêter tous deux,
Attendant que le Roi veuille disposer d'eux.

ALEXANDRE.

Quel est ce Prisonnier qui lui servoit de guide,
Qui tramoit dans ma Cour un complot si perfide ?

LE CAPITAINE.

C'est ce Chef de parti d'une haute valeur,
Qui fit payer si cher la victoire au Vainqueur.
On ignore son nom.

ALEXANDRE.

    Quel qu'il soit qu'il périsse !
Il mérite la mort, qu'on hâte son supplice !

Allez. Non revenez. On apprendra par lui
Des secrets qu'on vouloit me cacher aujourd'hui.
Que la Princesse Ophis ne soit pas retenue,
Qu'on ne l'empêche point de paroître à ma vûe.

A Ephestion.

Cher Ami, de quel coup viens je d'être frappé!
Sitalse en ce moment peut-il m'avoir trompé !
Son injuste pitié peut-elle être capable
D'employer l'artifice à sauver le coupable!
La fuite que j'apprends qu'elle vouloit tenter,
De son crime un moment laisse-t-elle douter ?
Voyons les Conjurés. Allez, qu'on les rassemble.
Que devant la perfide ils se trouvent ensemble.

ACTE V.

SCENE PREMIERE.

ALEXANDRE, STATIRA, EPHESTION,
ISMENE.

STATIRA.

MAIS songez donc, Seigneur, qu'Ophis....

ALEXANDRE.

                                Je suis confus.
De vous faire, Madame, essuyer un refus.
Elle sera peut-être aujourd'hui condamnée :
En m'avouant son crime, elle étoit pardonnée.
Trop tard à ma clémence, elle vient recourir ;
Enfin, je ne puis plus l'empêcher de périr.

STATIRA.

Quoi, Sitalse tantôt, d'un aveu magnanime,
Déclare la Princesse innocente du crime ;
Et loin de l'accuser, il le prend tout sur lui !
Qu'a-t-elle donc, Seigneur, fait depuis ?

E iv

ALEXANDRE.

Elle a fui.
Une telle démarche eſt-elle convenable.
A d'autres qu'à celui qui ſe trouve coupable ?

STATIRA.

Cet innocent projet, qu'on rend ſi criminel,
Qu'a-t-il donc de ſuſpect ? Quoi de plus naturel
Que de ſaiſir l'inſtant qui nous ouvre un paſſage,
Pour ſortir tout-à-coup des fers de l'eſclavage ?
A d'injuſtes ſoupçons vous commettez ſon ſort ;
Prétendez-vous, Seigneur, triompher de ſa mort ?

ALEXANDRE.

L'impoſture lui prête un ſecours inutile.
Le crime promet-il un triomphe facile ?
Mes bontés & mes ſoins, dans ſa captivité,
Ne lui faiſoient-ils pas trouver la liberté ?
A l'horreur du forfait ma clémence la livre :
Vous le voulez, Madame, on la laiſſera vivre,
Cet injuſte pardon lui deviendra cruel,
En répandant ſur elle un opprobre éternel.

STATIRA.

Seigneur, dans ſon deſſein Ophis eſt excuſable ;
Et vous ne ferez pas ſans doute inexorable
Pour l'Officier Perſan, ſi rempli de valeur.
Du Décret prononcé révoquez la rigueur.

ALEXANDRE.

J'ai remis en vos mains le fort de la Princesse ;
Trop de clémence n'est souvent qu'une foiblesse.

STATIRA.

Pensez-vous que sa mort calme votre courroux ?
Il sera regreté, vous en serez jaloux.
Voulez-vous tout plonger dans l'horreur des alarmes?
Voir sans cesse couler & du sang & des larmes ?

ALEXANDRE.

Le crime qui par vous fut toujours détesté,
Doit-il dans vos faveurs trouver l'impunité ?
Je passe en ce moment dans la Tente prochaine ;
Ce Captif s'y rendra. Gardes, qu'on me l'amene.

SCENE II.

STATIRA, ISMÉNE.

STATIRA.

JE tremble pour Tessandre. O Prince infortuné,
Sous quel astre fatal faut-il que tu sois né !

ISMENE.

Du Monarque tâchez d'appaiser la colere.

STATIRA.

Quel en eſt le moyen? Hélas, j'en déſeſpére!
Je voudrois voir Ophis arriver en ces lieux.

ISMENE.

Madame, en ce moment elle s'offre à vos yeux.

SCENE III.

OPHIS, STATIRA, ZONIME, ISMENE.

OPHIS.

HÉ bien, eſt-il encore un rayon d'eſpérance?
Et pouvons-nous.... Mais quoi, vous gardez le ſilence!
Je vous entens, Madame, une vive douleur
Eſt peinte dans vos yeux. Ah! de notre malheur
Je ne ſuis aujourd'hui déja que trop inſtruite!

STATIRA.

Le Roi déſabuſé pardonne votre fuite;
Mais, hélas! je n'ai fait qu'augmenter ſon courroux,
Sitôt que j'ai voulu parler pour votre Epoux.

OPHIS.

Si vous l'avez nommé, notre perte eſt certaine.

STATIRA.

Je n'ai fait voir en lui qu'un brave Capitaine,
Un Chef, un Partifan, fous un nom inconnu.
J'ai parlé, j'ai preffé, je n'ai rien obtenu.

OPHIS, *en fe tournant du côté de Zonime.*

O Ciel ! dans ce malheur quel parti dois-je prendre !

ZONIME.

De recourir, Madame, à l'amour d'Alexandre.
Dans cette conjoncture il en faut profiter.

STATIRA, *à Ophis.*

J'approuve ce moyen, vous devez le tenter.

OPHIS.

Quel feroit cet efpoir pour une infortunée,
Pour laquelle il n'a plus qu'une haine obftinée ?
On voit, par fes tranfports, jufqu'où va fa rigueur ;
Préfage trop certain de toute fa fureur.

STATIRA.

Plus il eft irrité, plus on voit qu'il vous aime.
L'amour combat l'amour, il s'oppofe à lui-même.

OPHIS.

Il prépare des maux par de triftes effets,
Que la haine n'auroit peut-être jamais faits.
Dans ce preffant danger, hélas ! que dois-je faire !

STATIRA.

Au Roi dès cet inftant découvrir le myftère.
Il n'eft que ce parti pour fortir du danger,
Où de nouveaux malheurs ont voulu vous plonger.

OPHIS.

S'il me hait, pouvant tout, que nous fommes à plaindre.
S'il m'aime, il eft peut-être encore plus à craindre.
Ecoutant fa colère, & fes tranfports jaloux,
Qui le peut empêcher d'immoler mon Epoux ?
Oui, s'il eft reconnu, fa vie eft hazardée.

STATIRA.

Demeurant inconnu fa mort eft décidée.
Dans cette extrémité nous ne devons fonger
Qu'à prendre le parti qui court moins de danger.
Il faut que dans l'inftant, par ma bouche, Alexandre
Sçache que ce Captif eft le Prince Teffandre.

OPHIS.

Pour arracher ce Prince à cette indigne mort,
Il faudroit des moyens plus puiffans que le fort.

STATIRA.

Vous devez fur le vrai fonder votre efpérance.

OPHIS.

Jamais la vérité n'excufe l'imprudence.

SCÈNE IV.

EPHESTION, OPHIS, ZONIME.

EPHESTION.

Madame, je croyois trouver ici le Roi.

OPHIS.

Vous voilà bien troublé, qui cause votre effroi ?

EPHESTION.

Je viens de voir passer, Philotas & Darsice,
Agaton, Antius, qu'on entraîne au supplice.
De tous ces Criminels je ne plains point le sort ;
Ils ne vont éprouver qu'une trop douce mort :
Mais Sitalse à mes yeux finissant sa carrière,
M'a semblé mériter ma pitié toute entière.
L'allant voir, dans sa tente à peine étois-je entré,
Qu'il m'a dit : *Cher Ami, j'ai le cœur déchiré !*
C'est en vain que le Roi, trahissant sa justice,
Me pardonne mon crime, & m'arrache au supplice ;
La grace qu'il me fait me livre à mes remords ;
Ses cruelles bontés me donnent mille morts ;
Je n'en veux souffrir qu'une ; & prévénant la Parque,
Mon bras sçaura venger l'équité du Monarque.
Je cours pour m'opposer à son cruel dessein ;
Mais il avoit déja le poignard dans le sein.

OPHIS.

Je friſſonne au récit d'une mort ſi cruelle !

EPHESTION.

Je vais porter au Roi cette triſte nouvelle.

SCENE V.
OPHIS, ZONIME.
OPHIS.

JAMAIS impunément on ne peut l'outrager ;
Tout juſqu'à ſes bienfaits a ſoin de le venger.
Dès qu'à ſe poignarder le déſeſpoir engage,
C'eſt montrer ſa foibleſſe, & non pas ſon courage.
Ce Prince dans ſa mort me paroît trop cruel ;
Avec tant de remords on n'eſt plus criminel.

ZONIME.

D'Alexandre en courroux il bravoit la puiſſance,
En ſe livrant lui-même aux traits de ſa vengeance.
Les bienfaits dans ſon ame ont ſi bien combattu,
Qu'ils ont fait par le crime éclater la vertu.

OPHIS.

Hélas ! fut-il jamais pareille deſtinée !
Quelle chaîne de maux dans la même journée !

Quel torrent dans son cours ravage ces climats,
Et ne fait qu'un défert de nos vaftes Etats!
Des fleuves étonnés les dévorans abîmes
Ne peuvent engloutir le nombre des victimes.

ZONIME.

On ne voit en ces lieux que des objets d'horreur,
Marqués de toutes parts du fceau de la terreur.

SCENE VI.

SYSIGAMBIS, OPHIS, STATIRA, ZAMINTE, ZONIME, ISMENE.

SYSIGAMBIS, *à Ophis*.

Du Crime de Teffandre on prenoit connoiffance,
Tandis que nous voulions prouver fon innocence.
Le Confeil affemblé fuivant l'ordre des Loix,
A condamné ce Roi d'une commune voix.

OPHIS.

A quoi donc? A mourir? Je vous entens, Madame;
Je vois votre embarras, le trouble de votre ame.
On l'immole fans doute à des tranfports jaloux,
Puifque fon plus grand crime eft d'être mon Epoux.

SYSIGAMBIS.

Ne s'étant point, Madame, encore fait connoître,
C'eft de ce titre feul que l'efpoir doit renaître.

Si sur son propre nom il eût été proscrit,
Tout moyen, sans retour se trouveroit détruit.
Il demande, dit-on, pour grace singulière,
Avant de terminer sa funeste carrière,
De vous entretenir d'un secret important,
Vous l'allez voir paroître ici dans un instant

OPHIS.

Juste Ciel! je le vois dans un état terrible
S'avancer, précédé du Monarque invincible!

SCÈNE VII.

ALEXANDRE, TESSANDRE, *chargé de fers.* **OPHIS, SYSIGAMBIS, STATIRA, EPHESTION, ZAMINTE, ZONIME, ISMENE, GARDES.**

TESSANDRE *à Ophis.*

Le sort qui va frapper sur moi ses derniers coups,
Permet que je paroisse un instant devant vous.
Princesse, vous avez tout fait pour ma défense,
Les Dieux me sont témoins de ma reconnoissance.

OPHIS *à Alexandre.*

On l'entraîne au supplice! Il périt aujourd'hui!
Seigneur, je veux l'y suivre, & mourir avec lui!

ALEXANDRE,

ALEXANDRE, *d'un air surpris.*

Qu'entens je ! C'est Ophis !

OPHIS.

Je ne dois point me plaindre ;
Mes malheurs sont comblés, je n'ai plus rien à craindre.

ALEXANDRE.

Quel si grand intérêt, Madame, prenez-vous
En un tel criminel ?

OPHIS *en hésitant.*

Seigneur, c'est mon Epoux.

ALEXANDRE, *d'un air étonné.*

Votre Epoux !

OPHIS.

Oui, ce Roi jadis rempli de gloire,
Qui vous a si souvent disputé la victoire,
Dont la rare valeur vous fit voir ce danger
Que vous voulez qu'un Roi vous fasse partager,
Après s'être montré dans le fort de l'orage
Digne de son Empire & de votre courage,
Souffrirez-vous, Seigneur, qu'on dispose aujourd'hui,
Par une indigne mort, d'un Prince tel que lui ?
Ayant dans cent combats mérité votre estime,
Qu'un léger attentat passe pour un grand crime ?
Une Reine, Seigneur, tombant à vos genoux,
Ne pourroit-elle pas calmer votre courroux !

F

Pourquoi faire gronder la foudre sur nos têtes ?
Redonnez-nous le calme après tant de tempêtes !
Votre pouvoir alors, par cent exploits divers,
Mieux que dans les horreurs......

ALEXANDRE, *aux Gardes.*

Qu'on détache ses fers.

A Ophis.

Madame, deviez-vous, par votre défiance,
Faire à mon amitié la plus cruelle offense ?
Je reconnois un Roi dans le sein des horreurs,
Fameux par ses exploits & trop par ses malheurs.

A Tessandre.

Si vous avez, Seigneur, montré tant de courage,
On vous en estimoit sans doute davantage ;
Mais de m'avoir par-tout cherché des Ennemis,
Votre ressentiment peut s'être trop permis.
Leur haine, par vos soins, contre moi conjurée,
Portoit des coups secrets d'une main assûrée ;
Cependant vos malheurs me trouveront plus doux :
Votre seule impuissance a vaincu mon courroux.
Si vous avez souvent éprouvé ses atteintes,
C'est ainsi qu'Alexandre en interdit les plaintes.
Vos sujets, qui pour vous sont si remplis d'amour,
Dans un pompeux éclat verront votre retour.
Reprenez aujourd'hui vos Etats & la Reine ;
Je ne veux vous ôter, Prince, que votre haine.

TESSANDRE.

Un Prince qui combat contre l'adversité,
Quel que soit son malheur, n'est pas encor dompté.
Cependant je vous céde, & j'y trouve des charmes.
Vos vertus ont plus fait que l'effort de vos armes.
Cette captivité, si dure aux Souverains,
Auroit tout entrepris pour sortir de vos mains.
Toujours, ainsi que vous, épris de la victoire,
J'ai combattu pour elle, & recherché la gloire.
Son séduisant éclat, qui nous anime tous,
De ses grandes faveurs m'avoit rendu jaloux.
La fortune par-tout contre moi conjurée,
Me faisoit voir ma perte alors comme assûrée;
Mais quel prodige, ô Ciel! l'interrompt dans son cours!
C'est mon propre Ennemi qui vient à mon secours:
Par ce trait généreux, ma défaite est certaine;
Je dois tout oublier, & déposer ma haine.

ALEXANDRE.

Vos Soldats & les miens, montés sur mes vaisseaux,
Iront jusqu'à l'Indus arborer vos drapeaux.

A Ophis.

Madame, j'use ainsi pour lui de la victoire;
Je fais de ses malheurs un triomphe à sa gloire.
Ce sont-là les destins, qui sous des traits connus
Remplissent à l'envi l'attente des vertus.
Que par elles la Paix dans vos Etats respire;
Que l'ordre rétabli régne dans votre Empire.

OPHIS.

De tant de maux foufferts je perds le fouvenir;
Dès que pour mon Epoux je puis tout obtenir,
Voyant un Ennemi méprifer la vengeance,
Et forcer des vaincus à la reconnoiffance,
Par elle, à votre afpect, mon orgueil fe confond,
Ma fierté s'humilie, & defcend de mon front.
Arbitre des deftins, chéri de la victoire,
Rien ne peut égaler l'éclat de votre gloire:
Prince trop généreux, régnez fur les Mortels:
Votre nom en tous lieux trouvera des Autels.
Tout de votre fplendeur reçoit un nouveau luftre;
Le bonheur des vaincus rend votre Empire illuftre.

ALEXANDRE, à *Statira.*

Madame, je bénis le fort de ces Epoux.
Ce que je fais pour eux, je l'aurois fait pour vous;
Mais l'intérêt des Grecs s'oppofe à mon envie:
Cet intérêt m'eft cher plus que ma propre vie.
Etant dans cette guerre à moi feul confié,
Doit-il à tous vos vœux être facrifié?
De ces chers Alliés j'embraffe la défenfe,
Et je dois avec eux agir d'intelligence.
Ils n'ont point oublié que le Perfan jadis
D'un bras enfanglanté ravagea leur Païs.
Votre vafte puiffance étoit fi formidable,
Que pour elle avant moi rien n'étoit redoutable.
Dans ce tems orageux, fur des flots inconftans,
A travers les écueils ils errerent long-tems;

TRAGÉDIE.

Fuyant un Ennemi, dont la rage homicide
Qu'inspire aux combattans l'implacable Euménide,
A si souvent sur eux répandu la terreur,
Qu'ils craignent d'essuier un semblable malheur.
Mais j'espére qu'un jour, même avec leur suffrage,
Je pourrai vous venger du sort qui vous outrage.
Oui, charmante Princesse, & pour vous dire plus,
Je vous réserve un prix digne de vos vertus. *

* Voulant dire qu'il l'épousera un jour, comme il est arrivé suivant l'Histoire.

FIN.

De l'Imprimerie de MICHEL LAMBERT, rue & à côté de la Comédie Françoise, au Parnasse, 1761.

REMARQUES.

Comme la Scène est au Camp, le Théâtre doit représenter une grande & magnifique Tente, & quelques autres attributs d'un Camp : comme des Faisceaux d'Armes, des Etendards, des Drapeaux, des Sentinelles, & plus loin des Vedettes.

Lorsqu'Alexandre, Sysigambis, Ophis & Statira, entreront & sortiront, une Garde formera une haie de droite & de gauche, & saluera du Drapeau quand elles passeront. Lorsqu'elles auront passé, elle rentrera. On rendra à ces Princesses les mêmes honneurs qu'à Alexandre, sans aucune différence.

A la septième Scène du second Acte, où Sysigambis est d'un côté, & Statira de l'autre ; il faut que dès qu'Alexandre paroît, Statira avec sa suite passe du côté de Sysigambis, pour que toutes les femmes se trouvent d'un côté & Alexandre de l'autre avec sa suite. Comme il arrive venant de gagner une grande Bataille, qui est celle d'Arbelles, outre les Personnages muets qui sont sur la Scène, il doit y en avoir d'autres en hommes à un peu de distance de la Scène, habillés plus superbement les uns que les autres ; & encore derrière ceux-ci, à la même distance, beaucoup de Soldats qui regardent avidement. Cette décoration animée est fort analogue à cette Scène ; d'autant mieux que Sysigambis dit à Alexandre, en se retirant, les deux vers qui suivent.

Tout annonce l'éclat qui vous suit en tous lieux ;
Souffrez que nos douleurs en détournent les yeux.

A la septième Scène du cinquième Acte, qui est la dernière, il doit y avoir les mêmes Personnages muets qui étoient à la septième Scène du second Acte ; à la réserve de Sitalse & de Phi-

REMARQUES.

Iotas, qui sont sensés morts lors de cette Scène. Les Enfans de Darius ne doivent pas y être non plus.

Il faut qu'à la cinquième Scène du premier Acte, la plus grande partie des Trophées disparoissent; parce qu'Alexandre faisant prendre les Armes à ses Troupes, pour aller donner une Bataille, il est sensé qu'il n'en a laissé que celles qu'il faut pour la garde du Camp & des Prisonniers.

A la septième Scène du second Acte, lorsqu'il revient avec son Armée, les Trophées doivent être remis comme ils étoient la première fois.

Ceci ne peut guère s'exécuter qu'à Paris, & non en Province, avec tant de pompe. Ce n'est pas par rapport au nombre des Personnages, parce qu'étant muets, on en trouveroit tant qu'on voudroit; mais ce sont les habillemens qui leur manqueroient. La Pièce peut se jouer sans cela, ce ne sera qu'un ornement de moins.

Je serois d'avis que l'Orchestre ne jouât que des bruits de guerre; & pour cet effet, qu'on y ajoûtât des Timbales, des Trompettes & des Hautbois.

Fin des Remarques.

APPROBATION.

J'AI lû par ordre de Monseigneur le Chancelier, *Alexandre Tragédie*. On ne peut qu'applaudir au Militaire qui en est Auteur, d'employer ses loisirs à cultiver les Arts agréables. A Paris, ce 3 Août 1761. MARIN.

www.ingramcontent.com/pod-product-compliance
Lightning Source LLC
LaVergne TN
LVHW052105090426
835512LV00035B/987